Píramo e Tisbe

PÍRAMO E TISBE

Vladimir Capella

SESI-SP editora

Teatro Popular do SESI

Editor
Rodrigo de Faria e Silva
Revisão
Fernanda Bottallo
Capa e Projeto gráfico
Negrito Produção Editorial

ISBN 978-85-65025-08-9

Capella, Vladimir
Píramo e Tisbe / Vladimir Capella. -- São Paulo: SESI-SP editora, 2012.

148 p.: il. color.
ISBN 978-85-65025-08-9

1 . Vladimir Capella 2. Teatro I. Título

CDD – 792.1

Índices para catálogo sistemático:
Artes: Teatro
Bibliotecárias responsáveis: Elisângela Soares CRB 8/6565
Josilma Gonçalves Amato CRB 8/8122

A História de Píramo e Tisbe

Esta vida é um mistério do início ao fim. Quem somos nós? O que é o mundo? O que é o divino? Para onde vamos depois da morte?

Diante da dificuldade de explicar a existência humana, nossos antepassados deram nomes ao que não conseguiam entender e passaram a considerar os fenômenos como "deuses". O trovão inspirava um deus, a chuva, outro. O céu era um deus pai, a terra, uma deusa mãe, e os demais seres, seus filhos. Criavam assim, a partir do inconsciente, histórias e aventuras que explicavam de forma poética e profunda o mundo que os rodeava.

Essas "histórias divinas" eram passadas de geração para geração e adquiriam um aspecto religioso, tornando-se mitos. Aos mitos se uniam ritos que renovavam os chamados "mistérios". Para eles tudo era sagrado, tudo era maravilhoso e a existência, um milagre diário. Existiam mergulhados nesse mundo inconsciente e mágico e eram felizes assim: sentiam-se plenos.

Muito tempo se passou e ainda não conseguimos explicar a existência, mas, hoje, contamos com o raciocínio científico! É inegável todo o avanço que conseguimos com a ciência, mas acabamos por nos afastar muito dessa realidade mítica, desse mundo perdido no inconsciente. Tudo parece estar se encaminhando de uma maneira errada, e os descaminhos não são apenas externos: algo de errado ocorre também dentro das pessoas.

O contato frutífero com o inconsciente por meio das atividades criativas, artísticas ou dos sonhos e das histórias mitológicas e folclóricas perdeu-se em meio à confusão da modernidade. É como se um muro tivesse sido erguido entre nós e a nossa origem, nosso passado. Estamos presos em um cubículo que é a nossa mente consciente e mal conseguimos ouvir a voz que grita dentro de nós, chamando-nos para mergulhar de volta naquele mundo perdido, que já vai longe. Como cada um de nós tem lidado com isso? Aparentemente, o resultado é que adoecemos, a sociedade adoeceu, o planeta adoeceu.

Existe uma espécie de preconceito generalizado contra os pensamentos não científicos. O estudo da mitologia, porém, não pode ser visto como um interesse meramente histórico. Nossa sociedade está desesperadamente em busca de sua própria natureza, mas não sabe sequer o que é exatamente que lhe falta. E nem que essa natureza se esconde dentro de nós mesmos, bem lá no fundo do nosso inconsciente.

A mitologia grega é a base do pensamento ocidental e guarda em si a chave para o entendimento de nosso mundo, de nossa mente analítica e de nossa psicologia. O estudo desse material nos revela a mente humana e seus meandros multifacetados. Os deuses tornam-se forças primordiais da natureza psíquica humana e readquirem vida e poder. A Mitologia transfere o conhecimento humano de um plano meramente materialista e científico para um plano psíquico vivo e, deste, para um derradeiro plano espiritual. A espiritualidade revela-se, então, como uma dimensão da pessoa humana, traduzindo o modo de viver que busca a plenitude consigo e com o transcendente.

Nesse contexto, a montagem de *Píramo e Tisbe* traz um alento e um estímulo para que se desvende esse mundo mitológico perdido, principalmente para os jovens. O poema original, composto no Século I, é uma história singela que faz parte do livro *Metamorfoses*, de Ovídio. A adaptação de Vladimir Capella, no entanto, reinsere a ação em seu contexto mitológico, trazendo para a frente do palco imagens que jaziam como pano de fundo. Assim, Narciso, Pandora, Dóris, Dafne, Orfeu, belas ninfas e os deuses imortais da Grécia voltam à vida e oferecem um panorama amplo das possibilidades mitológicas, como uma brecha pela qual o inconsciente pode se manifestar.

BERNARDO DE GREGÓRIO
Médico psiquiatra, psicoterapeuta junguiano e orientador de grupos de estudo de mitologia e filosofia gregas

Píramo e Tisbe
Uma peça para adolescentes

Vladimir Capella é um dramaturgo e encenador que vem demonstrando a coragem de falar para crianças e adolescentes o que em geral é escondido delas. Suas peças se referem ao nascimento e à morte, à velhice e à juventude, à guerra e à paz. Capella é profundo conhecedor do mundo psíquico infantil e adolescente e, contrariamente ao que pode ser visto nos teatros com frequência, sabe que a criança e o adolescente não podem ser vistos com as cores da ingenuidade que, em geral, são atribuídas a eles. Denuncia o fato de que é o mundo adulto que precisa manter o mito de que, em algum ponto de universo, há a ilusão da imortalidade, da ingenuidade, da pureza.

Para criar é preciso não fugir do que é dor. A construção da possibilidade implica saber do impossível. Os jovens do mundo contemporâneo, tomados pela tecnologia, fazem com que nós, adultos, indaguemos a forma que teriam o amor e a sexualidade. Após 1968, a militância, a crença no amor livre, o questionamento da família, John Lennon, Beatles, Rolling Stones, Madonna. O que resta aos jovens de hoje?

Píramo e Tisbe coloca de forma aguda a questão da comunicação e do destino: é possível determinar sobre o destino? É possível o amor ou o encontro? O que Vladimir Capella mostra é que há uma violência muito anterior a tudo isso, que já está expressa nos mitos gregos.

A recriação de uma história de amor impossível, de um "Romeu e Julieta" contextualizado na Grécia Antiga, tem por finalidade uma ruptura radical com o tipo de linguagem utilizado nos meios de comunicação de massa (televisão, internet e etc.). Só essa ruptura já marca um encontro com o que é essencial ao humano: a busca do amor, a luta com o destino.

É preciso explicitar os conflitos que constituem o humano para que nos instrumentemos para lidar com um mundo que cada vez provê menos valores e boicota o sonho e a imaginação.

E, conforme Bettelheim, uma das maiores dificuldades na vida de todos nós é encontrar significados para a vida.

Miriam Chnaiderman
Psicanalista, ensaísta e documentarista

Píramo e Tisbe

Prólogo

Escuro.

Voz em *off*

No começo era a escuridão.
O caos: um imenso abismo vazio. Indefinido e confuso.
Silencioso. Infinito.

Som suave de pequenas coisas, ruídos elementares que sugiram ebulição.

Até que – sublime mistério! – da noite profunda e da morte impenetrável nasceu o amor.
O cintilante, o desejado amor!

Luz vem se abrindo lentamente. Esfumaçada e azul.

Som vai se definindo numa muito leve melodia. Juntos, luz e som, em crescendo.

Depois tudo então foi ordem e beleza.
Surgiram os rios, as matas, as fontes.
O céu e as estrelas.
O Sol, a Lua.
A chuva, o vento, as pedras...
E a dor!

Num grito lancinante, entra em cena "Dóris". Mulher de meia idade, aspecto trágico, archote aceso nas mãos. Procura desesperadamente algo, sempre entre gritos e choro.

Lembra o mito de Deméter, que, durante nove dias e nove noites, percorreu os quatro cantos do mundo sem comer, sem beber, sem se banhar, procurando a filha Perséfone raptada por Hades, Deus dos Infernos.

Dóris deve simbolizar todas as dores do mundo nessa busca, que não é outra senão a procura do homem pelo vir a ser feliz. Procura desesperada e cruel, a própria dor buscando uma saída.

Essa cena deve acontecer num quadro assumidamente cinematográfico: noite de Lua cheia num céu deslumbrante forrado de estrelas.

Em determinado momento, a mulher senta-se num canto, chorando, e deixa-se ficar vencida pelo cansaço. Tempo.

O fogo apaga-se.

Dóris vira pedra (a pedra-sem-alegria).

Ao fundo cruza o palco o majestoso carro de Hélios, puxado por corcéis dourados de Sol.

Luz vai clareando lentamente.

Amanhece.

Cena 1

Som de mata: pássaros e bichos.

Entra em cena "Pandora", carregando nas mãos uma pequena caixa dourada. Atrás dela, como um cortejo seguindo-a, o "coro".

Pandora, de beleza irresistível, deve vestir uma túnica de ofuscante brancura, véu prateado e grinalda de flores na cabeça. A mais bela das mulheres: pérfido presente dos deuses aos mortais.

O coro deve ser composto por homens vestidos de camponeses, com máscaras cobrindo o rosto.

Durante o trajeto de Pandora, o coro segue-a ao som de sinos, flautas ou vozes.

Todos os sons da cena, inclusive os pássaros, devem ser executados pelos atores do coro que, quando caracterizados pelas máscaras, cumprem a função de narradores da história.

PANDORA – Como não abrir irresistível caixinha: encantadora mágica fazendo-me cócegas nos dedos? Por que suportar tamanho tormento? Será resistir a tão incontrolável desejo minha desventurada sorte? Ai! Antes ter os braços presos em cruz por pesadas correntes! Antes olhar e não ver tão fascinante estojo diante de mim...

Tempo. Vai abrir a caixa.

CORO – Não, Pandora, não!

PANDORA – Só por alguns instantes...?

CORO – Não, Pandora, não!
PANDORA – Um segundo apenas...
CORO – NÃO!!!
PANDORA – O que é que tem dentro?
CORO – Mistérios.
Segredos.
PANDORA – "Todos os bens" disseram.
CORO – Todos!
PANDORA – Quais?
CORO – Todos! Muitos! Vós sabeis!
PANDORA – Não sei.
CORO – A bondade, o respeito, a felicidade...
PANDORA – Não sei...
CORO – A persistência, a tenacidade, o prazer...
PANDORA – Não sei...
CORO – O brio, o ânimo, a coragem...
A calma, a dignidade... todos os bens.
Tudo o que o Homem precisa!
PANDORA – Vou abrir!
CORO – Não pode Pandora, vós sabeis!

PANDORA – Não sei!

CORO – É um presente dos Deuses.

PANDORA – Um castigo!

CORO – Não. Todos os bens, Pandora!

PANDORA – Angústia que tenho que carregar no peito.

CORO – Eternamente.

PANDORA – Não posso!

CORO – Se a caixa for aberta, ó desgraça, os bens escaparão!
E os Homens tornar-se-ão vulneráveis!
Frágeis, mesquinhos e cruéis.

PANDORA – E se não for verdade?

CORO – Cuidado Pandora. A dúvida já vos confunde o espírito!
Guardai a caixa. Livrai-vos dela!
Escondei-a onde a curiosidade não a possa alcançar.
Cuidado Pandora!

PANDORA – Oh! Tão singela caixinha... *(pega-a)*

CORO – Não, Pandora, não!

PANDORA – Ultrapassa meu domínio.

CORO – Cuidado Pandora, não!

PANDORA – Foge ao meu controle...

CORO – Não, Pandora, não!
PANDORA – Queima-me as mãos!
CORO – NÃO!!!

Pandora abre a caixa.
Uma luz intensa sai de dentro dela.
A iluminação geral se transforma, e uma música triste, estranha e "forte", marca esse momento pungente de intensa dramaticidade.
Uma chuva de prata cai por sobre todo o palco, como se o céu inteiro chorasse lágrimas prateadas por esse instante fatal.
Depois de alguns segundos, o facho de luz que sai de dentro da caixa vai diminuindo junto com a chuva e o som.

CORO – Fechai Pandora, fechai!
Depressa, Pandora, fechai!
Depressa, depressa...
Fechai!

Pandora fecha a caixa.
Tudo cessa. Tudo volta ao normal. Silêncio. Tempo.

PANDORA – Sobrou apenas uma pequena luz...
CORO – A esperança!
PANDORA – Não teve tempo de escapar...
CORO – Bendita esperança!
PANDORA – Somente um restinho de luz...
CORO – O último "bem" da raça humana!
PANDORA – Um único e tênue fio de luz...
CORO – Guardai a caixa, Pandora. Depressa!
Escondei-a no mais fundo da terra pra que o Homem não a perca nunca!
PANDORA – A esperança.
CORO – Depressa Pandora, correi!
Antes que mal pior aconteça.
Que seja tarde demais.
Correi Pandora, correi!

Pandora esconde a caixa na terra. Guarda-a sob a pedra-sem--alegria.

E sai.

Cena 2

Ao sair, Pandora cruza com várias moças que entram em cena correndo, alegres, feito um bando de ninfas brincando nos bosques.

São camponesas adolescentes e carregam jarras de água, cestas de flores, frutas, trigo, palha, conchas, peixes, plantas, coisas ligadas à natureza.

De repente, elas deparam-se com o coro. Há um momento de nítido confronto entre os dois grupos de sexos opostos.

Risinhos e cochichos ecoam pelo ar.

Interrompendo o idílio surge "Sibila", uma bela jovem que, aos prantos, atravessa o palco carregando uma gaiola de prata nas mãos.

Todos a observam passar e depois retomam o momento anterior.

As moças, então, riem novamente e correm sendo perseguidas pelos rapazes (agora já sem máscaras, como personagens).

Com clima de sensualidade, numa espécie de coreografia, entre risos e pequenas cantigas, os casais cruzam o palco, entram e saem, sempre sustentando uma atmosfera romântica.

Alguns casais se encontram, rolam pelo chão, beijam-se. Tornam a correr. Outros mantêm o jogo de sedução, a lascívia contida na brincadeira dos rapazes tentando alcançar as moças.

Lentamente, entra a música e o clima sensual, vai se acentuando, de forma que a perseguição transforma-se numa verdadeira caçada: as moças agora já correm horrorizadas.

Num determinado momento, "Lício" está prestes a agarrar "Castália" quando ela, levada pelo terror, paralisa e grita pedindo proteção à deusa Ártemis.

Música cresce e, lentamente, Castália vai transformando-se numa fonte.[1]

Lício, em desespero, entra na fonte e some no meio das águas.

Logo em seguida, no canto oposto do palco, em cena mais ou menos semelhante e quase simultaneamente, "Dafne", fugindo de "Nômio", metamoforsea-se em árvore.[2]

---

1. As náiades são ninfas que habitam as fontes.
2. As hamadríades são ninfas que habitam as árvores.

Nômio apanha algumas folhas da árvore e coloca-as em torno da cabeça, feito uma coroa. E chorando o amor perdido, vai saindo de cena.

Os outros todos que acompanharam a tragédia vão saindo atrás.

Cena 3

Som de mata: grilos, fontes.

Ao fundo, entra ruidosamente um grupo de caçadores. São jovens alegres munidos de armas e instrumentos de caça. Fazem uma pequena algazarra.

Entre eles, está "Narciso".

Na frente, algumas moças que não chegaram a sair da cena anterior, vestem máscaras do coro no rosto e ficam a observá-los.

Entre elas está "Eco".

O grupo de rapazes se dispersa deixando em cena apenas Narciso, entretido em perseguir uma caça.

Eco distancia-se um pouco das amigas (o coro) e, escondida, acompanha os passos do moço, deslumbrada pela beleza daquele que é tido como o mais belo dos mortais.

ECO – *(sempre se escondendo; sem que Narciso a veja)*
Ah! Quanto desejava falar-lhe! Conquistar-lhe o afeto!
Ao menos dirigir-lhe a palavra...

CORO – Pra quê?
Melhor falares com as pedras ou com as rochas.
Te darão mais ouvidos!

ECO – *(sorrindo, maliciosa)* Serão elas mais sensíveis a palavras de amor...?

CORO – Não rias, Eco!
Teu fim será mais triste do que pensas.
Teimas em alimentar absurda paixão?!

ECO – Os olhos são diamantes... Os lábios entreabertos: úmida flor! Ah! Sonho em tocar-lhe a pele alva, gozar de tão delicado perfume!...

CORO – Por sonho igual, muitas se perderam...

ECO – Psiu! Cala-te! Vê com que graça se movimenta e agita os cabelos dourados...?

CORO – Outras tantas encontraram a morte!

ECO – Tamanha perfeição é vida!

CORO – Estás enfeitiçada, Eco!

Não escutas mais ninguém, a não ser teu coração apaixonado.

ECO – Tão belo...

CORO – Mas não o será impunemente!

Não se pode ultrapassar os limites sem atrair a ira dos Deuses.

Foge, Eco!

Narciso nunca pertencerá a quem quer que seja porque tanta beleza o fez cruel, indiferente!

Foge!

ECO – Não!

CORO – Ele vai repelir-te!

Recusar-te!

Vai zombar de ti!

ECO – Por quê?

CORO – Porque não conhece o amor.
Pra ferir-te! Magoar-te!

ECO – *(tempo)* Se assim acontecer, me esconderei nas cavernas e nas grutas, envergonhada. Meus ossos se misturarão às pedras e pedras serão! Só minha voz permanecerá, ao longe, repetindo o chamado dos Homens.

CORO – Estás escrevendo tua própria história.

ECO – *(sempre acompanhando os movimentos de Narciso)* Silêncio! Está despindo-se...

CORO – Vai banhar-se, certamente.

ECO – Impossível descrever imagem mais bela.

CORO – Uma afronta!

ECO – Um Deus!

CORO – Um insulto!

ECO – Espera! Parece que procura por alguém...

CORO – Sim, procura pelos amigos que sumiram.

ECO – Ora, não ia banhar-se?!

CORO – Deve ter ouvido um ruído, então!

NARCISO – *(gritando)* EIII!!! TEM ALGUÉM AQUI?!

Silêncio. Tempo.

NARCISO – EIII!!!

ECO – *(encorajando-se)* EIII!!!

CORO – Não, Eco. Cometes uma loucura!

NARCISO – TEM ALGUÉM AQUI?

ECO – *(repete)* AQUI!!!

CORO – Ainda podes deter o vento. Foge!

ECO – Tarde demais!

NARCISO – ALGUÉM ME ESCUTA?

ECO – ESCUTA!!!

CORO – Eco!

ECO – Já não vos ouço mais!

NARCISO – ENTÃO VENHA!!!

ECO – VENHA!!!

Tempo.
Eco deixa-se ver. Aparece e, lentamente, aproxima-se de Narciso.

NARCISO – *(estranhando)* Quem és? Espionavas-me?

ECO – Sou Eco. Admirava-te, somente.

NARCISO – Quem te trouxe aqui?

ECO – O amor.

NARCISO – Pede, então, pra levar-te de volta. Fizeste inútil viagem!

ECO – Queria ver-te de perto... *(ajoelha-se junto dele)*

NARCISO – Não te envergonhas? Confessas insensata pretensão?

ECO – ...

NARCISO – Não sentes a honra corromper-se por tão desprezível ato?

ECO – ...

NARCISO – Humilhas-te, assim, à toa?

ECO – Queria apenas tocar-te...

NARCISO – Antes o pior castigo no Tártaro! Antes a morte, que... que consentir que me encostes um dedo! Inspiras-me verdadeira repugnância! Tu me causas nojo! Vai-te embora daqui!

Eco levanta-se humilhada e, lágrima nos olhos, vai afastando-se lentamente até sumir no escuro.

O coro tenta alcançá-la, mas não consegue. As mulheres, então, revoltadas, voltam-se para Narciso.

CORO – *(com força)* Que Nêmesis, a vingança divina, corrija-te o orgulho!
E por castigo, em nome de todos que fizeste sofrer, reserve-te um grande amor!
E que seja ele impossível pela própria natureza!

Som da mata intensifica-se.
Luz altera-se, também, criando um clima diáfano, irreal, quase de sonho.
Narciso se dirige ao lago. Vai banhar-se.
Entra música. Muito leve, a princípio, vai crescendo gradativamente acompanhando o desespero de Narciso.

NARCISO – *(depois de algum tempo, olhando-se nas águas do lago, descobrindo-se)* Que olhos brilhantes me fitam assim... intensamente? Que olhos são esses? São pérolas ou lanças que me penetram o corpo? Tentam enfeitiçar-me...?

Provocam-me um estranho arrepio... Espécie de dor! Ai! Quem és, mágica criatura, que tão rapidamente me transforma e domina? *(tenta tocar a imagem refletida no lago com as mãos)*

Não, não, não... Não fujas, doce anjo! Quero-te! Desejo-te ardentemente! *(tenta novamente)* Não posso tocá-la!? Por quê? Quem és? Arrebatas-me com tanta beleza e depois foges com o furor da tempestade?! Oh! Não... serei teu prisioneiro, então? *(compreendendo; em desespero)*

Oh! Não, não, não... É ISSO O AMOR?! Ah! Violento desejo que me toma! Malditas Fúrias das Sombras Infernais: é esse o triste fim que me reservais? Vencestes! Pois se de outra forma não é possível, que seja assim então... amaldiçoado amor!

Música vai crescendo ao máximo, grandiosa, enquanto Narciso atira-se nas águas do lago em busca de sua alma, seu destino.

Do fundo do palco surgem homens e mulheres e aproximam-se.

Música termina. Luz vai voltando ao normal.

Som de mata: água, vento.

No lago, onde Narciso sumiu, surge uma delicada flor amarela, cujo centro é circundado de pétalas brancas.

As mulheres apanham-na.

CORO – *(gritando)* Terminou, Eco. ESTÁS OUVINDO?!

ECO – *(som em* off*, repete várias vezes)* OUVINDO... OUVINDO... OUVINDO...

CORO – NARCISO AGORA É UMA LINDA FLOR!

ECO – LINDA FLOR... FLOR... FLOR...

CORO – ESTÁS OUVINDO, ECO? FOSTE VINGADA PELO AMOR!

ECO – AMOR... AMOR... AMOR...

O vento aumenta.

Cena 4

Sino repicando.

Som que deve misturar-se aos sons da cena anterior.

Um bando de camponeses muito barulhentos, homens e mulheres, entram cantando ao som de uma sanfona ou algo parecido.

Uma pequena festa regada a vinho, música e euforia, em comemoração ao nascimento do primeiro filho de "Pireu" e "Râmona".

Os que já estavam em cena, juntam-se a eles. Clima muito alegre.

A mulher vem na frente carregando o filho no colo.

CAMP. 1 – Que as divindades que presidem a alegria, os divertimentos e as celebrações estejam presentes no dia de hoje, manhã da mais florida primavera, e nos encham de prazer, harmonia e júbilo!

TODOS – *(aplausos)*

CAMP. 2 – E que as tristezas e as aflições da vida deem-nos uma trégua. Afinal, somos humildes campesinos e gostamos muito de vinho e de festa!

TODOS – *(aplausos e risos)*

PIREU – Por fim, amigos, que a bem-aventurança abra caminho pra passagem de Râmona, minha fiel esposa, e o fruto recém-nascido do nosso amor!...

TODOS – *(aplausos e saudações)*

Algumas mulheres juntam-se em torno de Râmona.

CAMP. 3 – Que nome dareis à ele, senhora?

CAMP. 4 – Tão delicada criança merece nome de flor...

CAMP. 5 – Um nome de rei certamente lhe atrairá melhor sorte!

CAMP. 3 – Feições angelicais...

CAMP. 4 – Não existirá outro com igual suavidade e perfeição!

CAMP. 3 – Um pequeno Deus!

CAMP. 5 – Olhem... parece que sorri, o pobrezinho.

CAMP. 4 – Talvez porque já nos compreenda as falas... e divirta-se com nossas tagarelices. *(riem)*

CAMP. 3 – E então, senhora? Não nos agonies mais...

Tempo. Silêncio.

RÂMONA – Píramo! Será Píramo! Nem rei nem Deus; nem anjo ou flor. Apenas, Píramo! E encherá de claridade os dias que hão de vir!

PIREU – *(tomando a criança nos braços)* Abençoada seja a escolha porque feita pela mãe. *(erguendo o menino)* Viva Píramo: que encherá de claridade os dias que hão de vir!

TODOS – VIVA!!!

CAMP. 2 – E para que as Graças o protejam e as Musas o inspirem, bebamos o vinho, então!

TODOS – VIVA!!!

CAMP. 1 – Músicos, que fazeis? Tocai! Vamos, tocai! Que hoje tudo seja música, dança e festa!!!

Música retoma uma alegre e contagiante melodia, enquanto todos bebem e dançam.

Após alguns instantes entram, em meio à festa, as três parcas: "Cloto", "Láquesis"e "Átropos".

São velhas de aspecto terrível, divindades inexoráveis, fiandeiras do destino dos homens. Regulam a duração da vida de cada um, por meio de um fio que uma fia, outra enrola e a última corta.

A festa vai, aos poucos, cedendo lugar a um clima de apreensão diante de funesta e inesperada visita.

As três estão envoltas em muitos fios. Cloto sempre tecendo e as irmãs, ansiosas, em volta dela.

CLOTO – Ai! Miseráveis mãos que sem descanso fiam o linho e a lã!

LÁQUESIS – Trêmulos dedos que desfiam novelos e bordam caprichos!

ÁTROPOS – Preciosos instrumentos que desembaraçam os nós e urdem as tramas!

AS TRÊS – Ai! Míseras mãos!!!

Tempo. Silêncio. Cloto continua tecendo.

LÁQUESIS – *(espantada)* Ó velha irmã fiandeira! Não vês que é muito fino o fio com que fias esse destino?

CLOTO – Finíssimo...

ÁTROPOS – Então tranças, entrelaças e teces uma teia, velha mana tecedeira?!

CLOTO – Transparente...

LÁQUESIS – Fio de seda...?!

ÁTROPOS – Fio de cabelo...?!

CLOTO – Fio de lágrima!

LÁQUESIS – Ah! Feito um fio de água...?

ÁTROPOS – Ah! Feito um fio de cristal...?

CLOTO – Não! *(terminando a tarefa)* Um raio de luz!

AS TRÊS – Oh! Oh! Oh! *(experimentam o fio, celebram, comemoram, riem)*

RÂMONA – Quem sois? Que estranhas palavras usais com o intento de astuciosamente manter oculto o que dizeis?

CAMP. 5 – Cuidado Râmona, sãos as Moiras!

CAMP. 2 – As Parcas!

CAMP. 3 – São implacáveis e cruéis!

CAMP. 1 – Podem vingar-se!

RÂMONA – Com que direitos interrompeis nossa festa e roubai-nos a alegria?

CLOTO – Não te aflijas, gentil Râmona.

LÁQUESIS – Estamos de passagem.

ÁTROPOS – Viemos em visita!

AS TRÊS – Presentear-te!!!

CLOTO – Vês esse fio dourado?

LÁQUESIS – Fino e delicado tecido,

ÁTROPOS – Brilhante e raro cordel...?

CLOTO – É o destino de Píramo, teu adorado filho!

Reações gerais e burburinho de todos.

LÁQUESIS – Vamos medir-lhe o tamanho.
ÁTROPOS – Ver a sorte que o espera.
CLOTO – Saber quantos anos viverá!
LÁQUESIS – E depois do fado sorteado...
CLOTO – A vida medida..
LÁQUESIS – O tempo esgotado...
ÁTROPOS – O fio será cortado! *(gesto de cortar com uma grande tesoura)*

Reações de espanto do povo e risadas das velhas.

RÂMONA – NÃO!!! Não quero ouvir vossos agouros!
LÁQUESIS – Antever o futuro é uma dádiva.
ÁTROPOS – Ninguém pode fugir aos nossos desígnios!
RÂMONA – Pois não vos darei ouvidos!

Râmona tapa os ouvidos com as mãos, e as três riem do gesto dela.

cloto – Oh!... Então, não sabes que ouvirás mesmo assim?

láquesis – Com todos os ossos.

átropos – Com todos os poros do corpo.

láquesis – Mais intensamente ainda?

átropos – Com os ouvidos do coração!

cloto – Ao trabalho, velhas irmãs!

Esticam o fio, e Láquesis vai tocando-o com os dedos, como que fazendo uma "leitura". Átropos segue-a com a tesoura em punho.

Todos acompanham a cena com silêncio e receio.

láquesis – *(o tempo todo fazendo suspense)* Cinco anos! Só a felicidade se apresenta como companheira do menino. Saúde, beleza e esplendor!

Reações gerais.

Risadas das velhas, sempre macabras.

láquesis – Dez anos! Regozija-te, mãe! Que melhor filho não haverá! Só prazeres e delícias te reserva este cordão de ouro!

Reações.

LÁQUESIS – Aos doze anos uma enfermidade passageira! Aos treze: preocupações! Mas, pequenas. Não chegam sequer a interromper o percurso do sono. Quatorze anos: uma inteligência ímpar o destinará a buscar os venturosos caminhos que levam ao poder e à glória. Quinze anos! *(tempo maior, aumentando o suspense)* Enfeita-te! Festeja, afortunada mãe! Existência rara, fio poucas vezes tecido. Nenhuma mácula. Nada perturba a transparência de tão brilhante vida!

Reações mais intensas de alegria. Tempo.

CLOTO – Continua, Láquesis!
ÁTROPOS – Com mais rapidez, velha irmã adivinhadeira!
CLOTO – Prossiga com as revelações que o tempo urge!
LÁQUESIS – Sim, Cloto! Afasta-te um pouco, Átropos! Não vês que não és bem-vinda nesse destino?
ÁTROPOS – Não me provoques a ira!
LÁQUESIS – *(ri perversamente)*

RÂMONA – *(em desespero, interrompendo a rusga das velhas)* Calai-vos! Calai-vos, por piedade... Já basta!

CLOTO – *(ordenando, severa)* Continua!!!

LÁQUESIS – Dezesseis anos! A perfeição e a harmonia dos traços o tornarão belo e formoso. E se grande é a beleza, maior ainda o coração! Aos dezessete anos... Ah! Conhecerá o amor! Paixão intensa e fulgurante que atrairá a atenção dos Deuses. Sublime e indissolúvel amor encherá de lágrimas os olhos do mundo...

ÁTROPOS – Ó CÓLERAAAAA!!!

Aos gritos, avança e corta o fio.

RÂMONA – NÃÃÃÃOOO!!!

Entra música, tema triste e grandiosamente orquestrado, e a luz altera-se de maneira a criar uma atmosfera sombria.

Relâmpagos.

Os camponeses, entre gritos de horror, abraços e choro, vão desaparecendo.

As parcas, com estridentes risadas, também.

Todos vão sumindo em meio a uma tempestade de areia provocada pelos ventos da desgraça.

O cenário, ao mesmo tempo, vai se transformando.

Cena 5

A luz muito baixa, fantasmagórica e lúgubre, revela-nos o terrífico Hades: os abismos infernais. O Érebo, o próprio Tártaro.

Tochas por todos os cantos, figuras sinistras, monstros, dragões e gigantes completam o brumoso cenário.

No Tártaro moram as Hárpias: velhas fétidas e horripilantes com corpos de abutres, mamas pendentes, bicos e unhas aduncas.

O Tânatos: personificação da morte, com coração de ferro e entranhas de bronze.

As Erínias: deusas da violência e do terror, gênios alados cujos cabelos são enrodilhados de serpentes. Andam armadas de chicotes de escorpiões e archotes em chamas.

Hécate: deusa que preside às mágicas e se apresenta ora como loba, ora como cadela ora como jumento. Ou mesmo uma mulher de três cabeças.

Moram também todos os pesares, as vingativas ansiedades, as pálidas enfermidades, a melancólica velhice, o medo, a fome, o crime, o cansaço, a miséria, a discórdia.

E mais os penitentes Íxion, Sísifo, Tântalo e as danaides, que sofrem castigos cruéis e eternos.

Guardando a entrada do inferno está Cérbero, o cão de três cabeças e cauda de serpente.

E transportando as almas para a outra margem do lamacento e pantanoso rio Aqueronte, o velho e feio "Caronte" com seu igualmente velho e feio barco escuro cheio de limo.

Durante toda a cena deve haver um som ao fundo, quase uma nota contínua, entremeado de ruídos de ferros, arrastar de correntes, choro de criança, gemidos, uivos, ranger de dentes, silvos e grunhidos.

Em meio às trevas, passando por entre espectros de toda espécie, entra o jovem "Orfeu" acompanhado de seu violão.

Sua figura VIVA *distingue-se como uma luz no cenário escuro e soturno.*

Lentamente, Caronte aproxima-se dele.

CARONTE – Como ousais penetrar nos domínios do Hades? Transpor as fronteiras que cercam os abismos infernais, exalando ainda ostensivamente o perfume da vida? Quereis acaso afrontar, com o fulgor da presença, os penitentes que aqui jazem? Insultar os mortos com o arroubo do aspecto? Trazer-lhes à lembrança, de forma tão cruel, as doces e torturantes recordações do outro mundo? Com que propósito afinal, empreendeis irrealizável façanha?

ORFEU – Tudo fiz por amor.

CARONTE – E como chegastes aqui?

ORFEU – O desespero guiou-me.

CARONTE – O que procurais?

ORFEU – Minha Eurídice.

CARONTE – Violastes todas as leis!

ORFEU – Roubaram-me o coração!

CARONTE – Quem pretendeis ser com tanta insolência, ousada criatura?

ORFEU – Sou Orfeu, o cantor.

CARONTE – Orfeu... Fizestes o impossível, poeta!

ORFEU – Faria tudo novamente!

CARONTE – Sois corajoso em demasia.

ORFEU – Não. Procuro por minha amada, somente.

CARONTE – Os abutres do Tártaro irão destruir-vos!

ORFEU – Se for a maneira mais rápida de encontrá-la...

CARONTE – Vão devorar-vos as entranhas!

ORFEU – Submeto-me!

CARONTE – *(observando o moço, profundamente, por alguns instantes)* É tarde...

Caronte, vagarosamente, vira-se com o barco para partir.

ORFEU – Aonde ides, velho Caronte? Não me abandoneis... Eu vos pago!!! Trouxe moedas... *(mostrando-as)* Preciso chegar à outra margem do rio!

CARONTE – *(sem voltar-se)* Acaso trazeis um ramo de ouro...?!

ORFEU – Não, mas trago o coração dilacerado!

CARONTE – Só transporto almas...

ORFEU – E que outra coisa sou diante de vós, senão pobre alma partida em busca da metade que lhe falta?

Caronte, sem responder, vai partindo.

ORFEU – Tende piedade, velho barqueiro! Levai-me, também, vivo ou não! Ajudai-me a encontrar Eurídice, que me foi prematuramente roubada por impiedosa morte! Na flor da idade ainda, na plenitude da vida! *(gritando)* EURÍDICE!!! EURÍDICE!!! *(aos gritos, como se tentasse falar com o próprio Hades)* Ó Rei das Trevas! Senhor absoluto de todos os Infernos e do futuro de todos nós! Eu vos imploro! Não vos façais de surdo às minhas súplicas! Devolvei Eurídice à vida ou enviai-me, também a mim, vossos funestos mensageiros, que sozinho não volto à Terra! E se é verdade que por amor um dia raptastes Perséfone, havereis de compreender e aplacar a minha desesperada dor! Suplico-vos, ó Deus da mais negra escuridão! Dai-me o riso que à força me tomastes! Retrocedei o tempo e uni de novo os fios da vida de minha amada mulher!

Todos os sons de fundo aumentam um pouco, como se os gritos de Orfeu provocassem a ira nos sinistros moradores do Inferno.

Orfeu senta-se num canto e chora.

Tempo. Orfeu pega o violão, dedilha, e depois entoa uma canção, espécie de litania.

ORFEU – *(canta)*

O amor,
quando maior que o peito que o abriga,
rompe a carne mãe que o acoberta
e, filho desnaturado então, explode e grita
a dilacerante dor aflita que brota,
golpeia e se agita
em busca da vida!

Durante a canção, todos os movimentos, sons e ruídos que estravam ao fundo, aos poucos, vão silenciando.

Tudo pára. Há mesmo uma comoção no ar. As lágrimas brotam nos olhos dos habitantes do Inferno.

A música de Orfeu soa como uma bênção, trazendo conforto e calma ao terrífico mundo das trevas.

Atraídos por sensíveis e comoventes súplicas, surgem os Deuses maiores do mundo subterrâneo: "Hades" e "Perséfone".

HADES – Orfeu! És tu, então, o privilegiado cantor que apazigua a ferocidade dos animais selvagens?

PERSÉFONE – Faz mudar de curso os rios?

HADES – Remove os montes e as montanhas?!

PERSÉFONE – És mesmo tu, o jovem Orfeu, por quem as árvores inclinam-se e, entristecidas, choram gotas de orvalho?

HADES – E por quem ainda, um dia, as próprias Sereias perderam a voz?

PERSÉFONE – Enfeitiçadas calaram-se para sempre no fundo das águas?!

ORFEU – Sou apenas um mortal. Humilde condição que me faz cantar os sentimentos do homem e da terra.

HADES – Tens a fama de transformar, com o benefício divino da música, a terrível cólera em branda doçura!

ORFEU – Mas não encontro bálsamo que aplaque a mágoa sem-fim que me consome!

PERSÉFONE – Orfeu, tua canção comoveu-nos, também! Inspirou-nos imensa ternura e piedade.

HADES – Arrancou do sono profundo do esquecimento, a memória do amor.

PERSÉFONE – Mereces, pois, ver recompensada tamanha ousadia e paixão!

HADES – Podes partir agora, atormentado Orfeu. Terás tua Eurídice de volta! Não acompanhando-te, mas atrás de ti. Como nas poesias: seguindo-te!

PERSÉFONE – Vá! Não esperes! E não olhes para trás, nunca, em momento algum do percurso, por mais que te sintas tentado a fazê-lo!

HADES – Será essa a única condição do resgate.

PERSÉFONE – Em momento algum, antes que à terra e à luz tenhas chegado!

Hades e Perséfone desaparecem.

O som tétrico do Inferno retorna, como no início da cena. E cria agora um tom de suspense que serve de fundo à incerteza de Orfeu que, já de costas, aflito, inicia o penoso regresso.

Após alguns instantes surge, seguindo-o a certa distância, a figura imaculada de Eurídice.

Deve haver grande tensão nessa pequena caminhada de Orfeu, que agora carrega o angustiante conflito da dúvida atormentando-o.

Num determinado momento faz-se um silêncio absoluto, e, num dramático segundo, Orfeu pressente que foi enganado.

Vira-se. E, irremediavelmente, põe tudo a perder.

Grita desesperado vendo Eurídice, braços estendidos tentando alcançá-lo, lentamente desaparecer.

Sob um som aterrador, tudo entra como que num processo de decomposição. Tudo se desmancha entre gritos de horror, fumaça e pânico.

O cenário e a luz transformam-se também.

Tudo volta a ser como era antes: voltam os campos, o som dos pássaros, a luz do dia.

Em cena resta apenas Orfeu, chorando abraçado ao violão.

Atravessa o palco, então, novamente e ainda aos prantos, Sibila, a que carrega uma gaiola de prata nas mãos. Não é mais uma jovem, mas uma velha. Uma estranha figura, velhíssima.

Depois, entre risinhos e, sorrateiras, entram algumas mulheres que, escondidas, observam e espiam o cantor. Sãos as Mênades (as possessas, espíritos orgíacos da natureza).

MÊN. 1 – *(em tom de deboche)* Perdeste a voz, gentil cantor?
MÊN. 2 – Não! Roubaram-lhe no Inferno, o dom!
MÊN. 3 – Deram-lhe o pranto em lugar do canto!
MÊN. 4 – Castraram o pobrezinho! *(risos)*

Orfeu não se move, indiferente a tudo. As mulheres, sempre em tom de gracejo, vão avançando sobre ele.

MÊN. 2 – E então, pálido rouxinol?
MÊN. 3 – Estéril pássaro dos campos!
MÊN. 4 – Faze-nos esperar, por pura crueldade?
MÊN. 1 – Somos formosas e belas, não vês?

MÊN. 2 – Não merecemos tua poesia? Ou não te sai a morta do pensamento?
MÊN. 3 – Não aprecias mais as mulheres?
MÊN. 4 – Por ventura roubaram-te também o desejo?

Agora, já agressivas, atiram-lhe pedras.

MÊN. 1 – Vamos, reajas, ó sombra sem préstimo!
MÊN. 3 – Espectro do passado!
MÊN. 2 – Desprezível e vil criatura!
MÊN. 4 – És ou não és um cantor, afinal?
MÊN. 3 – Então, faças uso do teu enferrujado instrumento! Queremos dançar!
MÊN. 1 – Vamos! Inflama-nos!
MÊN. 2 – Incendeia-nos!
MÊN. 3 – Desejamos ser tomadas por tua música!
MÊN. 4 – Acariciadas e possuídas!
MÊN. 1 – Enlouquecidas!

Batendo pés e palmas, esboçam uma pequena dança, como que possessas mesmo, quando de repente percebem a total indiferença de Orfeu.

MÊN. 1 – *(gritando)* Ó Fúrias!!! Ele despreza-nos!!!

Aos gritos, totalmente desvairadas, as mulheres avançam sobre ele e a golpes o matam.

Entra música, som baixinho e triste. As mulheres fogem.

Ao saírem cruzam com o coro (composto por um grupo de rapazes) que entram em cena correndo.

Eles vão até o local onde Orfeu se encontra e fecham-lhe os olhos.

Música termina.

Põem Orfeu nos ombros e, cerimoniosamente, vão saindo carregando o corpo do poeta.

O coro, durante o trajeto,vai cantando a canção de Orfeu a quatro vozes, sem acompanhamento algum.

CORO – O amor,
quando maior que o peito que o abriga,

rompe a carne mãe que o acoberta
e, filho desnaturado então, explode e grita
a dilacerante dor aflita que brota,
golpeia e se agita
em busca da velha morada
amada pra sempre perdida
em busca da vida!

Cena 6

Luz dourada de entardecer.

Num clima romântico de namoro, vários casais de jovens camponeses invadem o palco, cheios de vitalidade e alegria.

Entre eles estão "Píramo", já adolescente, e "Tisbe", jovem menina de surpreendente beleza.

Os rapazes perseguem as moças que fogem, aos risos, como sempre, no esplendor da juventude.

Som de flautas, brincadeiras, danças.

Píramo, de olhos vendados com um lenço, caminha a esmo entre eles, fazendo-se de cego, brincando.

Em determinado momento, de braços estendidos, vai para frente, distanciando-se um pouco dos outros.

Tisbe segue-o, aproxima-se e, estendendo os braços também, encosta a palma das mãos nas mãos dele. Em seguida recolhe-as.

PÍRAMO – Não, não, não... Continua! Não me furtes o prazer dessa delícia. Ou então choro como criança quando lhe tomam o brinquedo! *(Tisbe ri)* Não te rias, senhora de mãos de anjo, que falo a mais pura verdade, juro-te! Caíste do céu? Existes? *(brincando)* Oh! Não... Serás a própria Afrodite, transformada em feiticeiras mãos de veludo, que veio aprisionar-me pra sempre na cela encantada do amor?! *(ajoelhando-se)* Ó! Rendo-me Deusa do Amor e da Beleza! Já a ti pertenço, mesmo que sejas somente um par de mãos! *(Tisbe ri e se diverte com as brincadeiras de Píramo)* Que faço, senhora? Tiro a venda que me impede de descobrir-te o rosto, ou desfruto um pouco mais dessa ternura? Ó dúvida que me consome! E se diante dos olhos abertos, não sejas tu a estrela que minha imaginação, cega e ávida por sonhos, cria?

TISBE – Decide-te pela fantasia da mente que é sempre mais rica que a feia e pobre realidade!

PÍRAMO – Oh! Falas? Tens voz, ilusão? Ó bendita cegueira que me permite descobrir timbres tão doces que fariam vergonha às flautas dos gentis pastores!

TISBE – Poupa-te, inquilino das trevas! Se cortejas todas as moças que de ti se aproximam, com esse insistente galanteio, em breve tempo não terás mais palavras para expressar teus sentimentos!

PÍRAMO – Por minha vida, és a primeira a quem me dirijo!

TISBE – Sou incapaz de acreditar em ti!

PÍRAMO – Tu me obrigas a mentir para que me dês crédito?

TISBE – Impossível levar-te a sério!

PÍRAMO – Fico em silêncio, então! Devolve-me as mãos, ao menos! *(tempo)* Mas o que é isso...? Tens braços também? Melhor assim! Quem sabe tenhas o resto todo do corpo? *(Tisbe ri)* E se já é sublime apenas o toque das mãos, quão mágico não será o contato de peles mais íntimas, finas sedas que o pudor resguarda? *(Tisbe retira as mãos bruscamente. Píramo cai em si, deixa de brincar)* Perdão! *(tempo)* Fui grosseiro e vil, excedi-me no brinquedo, perdão! Não te zangues comigo, rogo-te! Imploro-te! Prometo que jamais de minha boca ouvirás som algum que possa magoar-te outra vez! Perdão!

Tempo. Píramo arranca a venda dos olhos, porém não levanta o rosto do chão.

Tisbe volta-se e ajoelha-se na frente dele. Acaricia-o, passando a mão em seus cabelos. Píramo a olha. Abraçam-se.

Entra música.

Som de violino que deve vir da própria cena, tocado por um dos camponeses, no fundo. De preferência, e se possível, uma ária lírica, cantada em voz de soprano, por uma das moças.

PÍRAMO – Ó imaginação mesquinha e ridícula que te supôs uma estrela! És tão bela quanto o próprio Sol! Não! Mil vezes mais bela e mais generosa porque não feres, apenas presenteias a vista com o deslumbrante espetáculo da presença!

TISBE – Tens os olhos brilhando de alegria! Será que festejam a liberdade? *(Píramo não responde; observa-a)*

PÍRAMO – *(sério)* És uma Deusa?

TISBE – *(ri)* Não. Sou Tisbe. Simples mortal.

PÍRAMO – Tisbe...! Ah! Tisbe! Fazes nascer em mim uma arrebatadora emoção desconhecida e boa! Tisbe! Tisbe! Por que demoraste tanto a chegar, por onde andavas?

TISBE – A procura de Píramo!

PÍRAMO – Disseste meu nome?!

TISBE – Sim. Píramo! Filho de Râmona e Pireu.

PÍRAMO – És informada...!

TISBE – Sei ainda que amanhã, em plena primavera, farás dezessete anos!

PÍRAMO – Que mais sabes?

TISBE – Que me roubaste o coração de forma tão brusca e repentina, que mal tive tempo de gritar "devolva-mo", porque já corrias longe com teu luminoso sorriso.

PÍRAMO – *(cada vez mais intrigado)* Onde estavas? Não me respondeste?

TISBE – Observava-te pela janela!

PÍRAMO – Falas por enigmas! Confundes-me! Tens o dom da profecia? Oh! É isso! Tens o dom da profecia. Sabes meu nome, falas de mim como de alguém que já conheces...

Tisbe interrompe a fala de Píramo, beijando-o. Tocando-lhe apenas levemente os lábios.

Píramo, extasiado, fica pasmo, boquiaberto.

TISBE – Silencia tua voz inquieta por alguns instantes que a aflição é inimiga da paz. E não brigues mais com tua imaginação que se mostra fértil e ligeira. Não há enigmas nem mistérios, não te ponhas a criar fantasmas. *(tempo)* Moramos em casas vizinhas: somente isso! Está revelado o segredo.

PÍRAMO – Surpreendes-me a cada momento.

TISBE – Que surpresa pode haver no fato de morarmos em casas separadas por uma mesma parede?!

PÍRAMO – Que surpresa?! Então eu andava às cegas pela vida, mesmo sem lenço algum atado aos olhos? Não te via?!

TISBE – Ocultava-me, sempre!

PÍRAMO – Oh! Como foste egoísta!

TISBE – Olhava-te sob a sombra propícia da noite, cúmplice e companheira dos amantes.

PÍRAMO – Egoísta e má!

TISBE – Atrás dos muros, através da janela. Imaginava assim, às escondidas, poder um dia roubar-te a alma!

PÍRAMO – O que temias?

TISBE – O amor sem correspondência. Julgava-te um Deus!

PÍRAMO – Ó! Maldita parede! Malditos tijolos! Maldito muro de cimento frio!

TISBE – Brigas com as pedras, agora?

PÍRAMO – Impediam-me de ver-te! Separavam-nos! *(grita)* MIL VEZES MALDITOS OS MUROS!!! *(Tisbe ri)* Ris?! Ris da minha ira?

TISBE – Acho graça ver-te esbravejando contra inofensiva parede!

PÍRAMO – Muralha que proíbe o amor! *(tempo. N'outro tom)* Tisbe, se comungas do mesmo sentimento que me toma, eu te peço, grita comigo em repúdio a essa infame barreira que faz com que tu durmas num quarto e eu em outro! *(gritando)* MALDITA PAREDE!

TISBE – *(gritando também)* MALDITA PAREDE!

PÍRAMO – MALDITOS TIJOLOS!

TISBE – MALDITOS TIJOLOS!

DOIS JUNTOS – MALDITO MURO DE CIMENTO FRIO!!!

Os dois riem e divertem-se, enlevados. Tempo. Olham-se depois profundamente e, apaixonados, beijam-se.

Música cresce e em seguida termina.

Ao fundo, ouvem-se ruídos e restos de conversas dos camponeses. Tempo.

TISBE – O Sol já se recolhe...

PÍRAMO – Não te preocupes. Logo atrás, seguindo-lhe o rastro, vem a Lua. Não ficaremos no escuro.

TISBE – Mesmo que assim não fosse. Teu sorriso bastaria para iluminar a noite.

PÍRAMO – Mas não poderia fazê-lo, ó nunca!

TISBE – Por quê?

PÍRAMO – Estaria ocupado. Entretido em beijar-te os lábios! *(os dois riem; tempo).*

TISBE – Tenho que ir...

PÍRAMO – Oh! Não, não, não... Não vá! Suplico-te! Não me mostres, ao mesmo tempo, flor e espinho!

TISBE – Dificultas-me a partida...

PÍRAMO – *(braços abertos)* Estou apaixonado!

TISBE – Olha que fico!

PÍRAMO – Vem!

Abraçam-se, sôfregos, e beijam-se novamente. Tempo.

TISBE – *(passando a mão no rosto dele)* Adeus, amado Píramo!

PÍRAMO – Adeus?! Como podes pronunciar assim inocentemente, palavra tão odiosa que golpeia, apunhala e fere de morte o momento mais sublime de nossas curtas vidas?

TISBE – *(sorri)* Ficas ainda mais belo quando ferido gritas teu rancor ao mundo!

Alguns rapazes, de longe, chamam Píramo.

CAMP. 1 – Píramo! Píramo!

CAMP. 2 – Ei, Píramo, não vens?

TISBE – Os amigos te chamam.

PÍRAMO – Amigos, amigos! Pra que servem? Apenas para arrancar-nos das delícias do sonho!?

TISBE – És obstinado! Falas como se o amanhã não existisse!

PÍRAMO – Galopantes frenéticos são os impulsos do coração! Perdoa-me! Toma tu as rédeas da razão que os podem deter! *(tempo)* Amanhã! Está bem, rendo-me. Resigno-me!

CAMP. 3 – *(chamando)* Píramo!

PÍRAMO – *(para os amigos)* Já vou! *(para Tisbe)* Amanhã, tão cedo que o céu vista ainda a cor rosada e mal tenha a Aurora descerrado as pálpebras do dia, me encontrarás aqui. Promete que virás?

TISBE – Prometo!

CAMP. 1 – *(chamando)* Píramo!

PÍRAMO – *(para os amigos)* Já vou! *(para Tisbe)* Antes que o Sol tenha desfeito as gotas frias do orvalho.

TISBE – Antes que se abram as flores nos campos.

PÍRAMO – Antes mesmo que cantem os pássaros.

TISBE – Amanhã!

CAMP. 2 – *(chamando)* Ei, Píramo, não vens?

PÍRAMO – *(para os amigos)* Já vou! *(para Tisbe)* Deixa que eu parta primeiro, te peço. Pra que tenhas a garantia de não me veres seguindo-te! *(Vai saindo, deixando Tisbe, espantada. Anda alguns passos, pára e vira-se pra ela novamente)* É que seguindo-te posso não saber em qual casa entrar! *(Tisbe sorri, e Píramo volta-se para os amigos)* Ei! Ei! Ninguém me ajuda? Pra que servem os amigos, então?!

CAMP. 3 – *(chegando correndo até ele)* Aconteceu alguma coisa?

CAMP. 1 – Precisas de auxílio?

PÍRAMO – Carreguem-me, que muito pouco posso andar com minhas próprias pernas!

CAMP. 2 – Que foi? Bebeste?

PÍRAMO – Ajudem-me aqui... Isso!

CAMP. 3 – Estás mesmo aturdido...

CAMP. 1 – Ah! Então andaste bebendo demais!

PÍRAMO – Sim, estou embriagado!...

CAMP. 2 – Como pesas! Que vinho forte tomaste, hein!

PÍRAMO – Um doce vinho. O mais doce dos doces...

CAMP. 3 – Nada melhor que um bom vinho para livrar-nos das aflições da vida! *(riem)*

CAMP. 1 – Esta noite dormirás como um chumbo!

PÍRAMO – *(falando alto)* Mal tenha a Aurora descerrado as pálpebras do dia...

CAMP. 2 – Que diz?

CAMP. 3 – Perdeu o senso, já!

CAMP. 1 – Fala com os anjos... *(riem)*

PÍRAMO – *(sempre fazendo-se de bêbado, mas falando alto para que Tisbe o ouça e divirta-se)* Antes que cantem os pássaros...

CAMP. 2 – Como ficam inocentes os ébrios...

CAMP. 3 – Falam o que lhes vem à mente!

CAMP. 1 – Pobrezinhos...

PÍRAMO – AMANHÃ!!!

Saem todos rindo e carregando Píramo nos braços.
Tisbe fica sozinha em cena. Tempo.

Foco de luz acentua-se sobre ela, enquanto todo o resto da iluminação vem caindo lentamente, durante sua fala, até chegar à penumbra.

Tisbe – Vem noite! Desce com urgência teu negro manto sobre o mundo! Sem demora, rápida, veloz! Acelera com chibata teus corcéis alados pra que eles voem ligeiros porque o amor, feito de fogo e pressa, não sabe esperar! Vem, noite longa e sem-fim! Testemunha silenciosa da melancolia desesperada que consome os amantes que só podem unir-se ao amanhecer! Ai, interminável noite, vem!

Foco apaga-se sobre Tisbe.

Cena 7

Madrugada de noite escura.

Na penumbra vão surgindo várias velas acesas. Pequenas luzes que são trazidas pelo coro, que se espalha por diversos pontos do palco.

Eles entram emitindo um som, ou mesmo cantando uma canção sem palavras e sem acompanhamento instrumental, um vocalise.

Nesse clima, que de alguma forma deve parecer místico, entra a velha Sibila com sua gaiola de prata.

Cabelos muito longos e brancos, andar curvado e lento, inacreditavelmente mais velha do que em sua última aparição.

Sibila caminha até a frente do palco e senta-se na pedra-sem-alegria. O vocal dura o tempo de sua lenta caminhada.

SIBILA – Secaram-me as lágrimas! Águas nascidas na fonte divina dos olhos, remédio de todos os males, chuva necessária! Águas benditas que lavam, purificam, saciam a sede da alma! Derradeiro conforto de meus intermináveis dias! Por que não me secou também o sangue?... Esse obstinado que teima em fluir, com a intensidade da vida, em minhas veias?! Não! Secaram-me apenas as lágrimas porque imprudente, gastei-as sem cuidados até a última gota com minha dilacerada dor. Chorei-as todas através dos anos! Ai de mim! Um pranto seco embala meus lamentos, agora. Ai de mim! Como são impiedosos os segundos que, inexoravelmente, destroem-me o corpo! Como são impiedosos os segundos que me condenam a essa abjeta velhice sem-fim! Como são impiedosos os segundos! Por que se arrastam, tiranos, com a insuportável lentidão do tédio? Tiranos! Carrascos do tempo! Mensageiros perversos do desgosto! *(tempo)* Ai, secaram-me as lágrimas! Por que não me secou também o sangue?!

Som de vento e repicar de sino, ao longe. O coro aproxima-se.

Coro – Amanhece Sibila
Recolhei vossa cantilena.
Plangem os sinos do alvorecer!
Findai vosso lamento.
Sopram os ventos do crepúsculo!
Escondei vossa penúria.
Já se foi a madrugada!
Calai-vos!!!
Amanhece Sibila!
Não tortureis a clara manhã com vossa nefasta dor.

Não apresenteis vosso infortúnio ao Sol.
Guardai a voz, arauto de vossos suplícios, para as noites de pouca luz.
Aceitai com a virtude da submissão vosso destino.
Vós mesma o escolhestes.
Por toda a eternidade, lembrai!
Amanhece Sibila!

O coro durante as falas, de forma alternada, vai apagando as velas. A luz acompanha o movimento, subindo gradativamente.

Amanhece. Luz rosada. Canto de pássaros.

O coro sai e cruza com Tisbe que entra correndo e para ao deparar-se com Sibila sentada na pedra.

Tempo. Tisbe olha ao redor, assustada. Silêncio.

SIBILA – Esperava-te!

TISBE – Não me recordo, estando eu dona do meu juízo e em plena lucidez, de em instante algum ter marcado encontro com a repugnante morte!

SIBILA – É assim que me vês?

TISBE – Tão mísera condição não pode ser humana!

SIBILA – Muito alegras a velha Sibila, afeiçoando-a a tão desejado espectro. Porém, cuida-te com o que falas! Podes estar desvendando tua própria sorte!

TISBE – Não acredito em oráculos!

SIBILA – Por que me chamaste, então?

TISBE – Houve um engano, já vos disse! Esperava aqui encontrar a vida!

SIBILA – E o que encontraste...?

TISBE – Se sois adivinha, por que me perguntais?

SIBILA – Já fui jovem e bela como tu, um dia.

TISBE – Não estou interessada em vossa história.

SIBILA – Tinha a mesma arrogância. A mesma rebeldia. A impetuosidade da juventude!

TISBE – Acusais-me por ser jovem?

SIBILA – Não. Admiro-te. Trazes-me lembranças. Vento manso, brisa que refresca. És tudo o que me falta!

TISBE – O que quereis de mim, Sibila?

SIBILA – Tu que deves falar-me. Chamaste-me!

TISBE – Já vos disse que não!

sibila – Por que mentes?

tisbe – Juro-vos que não gastei uma palavra com tal intenção!

sibila – As palavras, poucas vezes refletem os sentimentos. São traiçoeiras as palavras!

tisbe – Assustais-me com vossa arte divinatória!

sibila – Receios... pra que servem? *(tempo; n'outro tom)* Eu nada temi quando no esplendor da beleza, tendo a paixão da juventude a apoiar-me, em verdadeiro êxtase, implorei a Apolo a vida eterna. Ah! Com que insistência pedi! Que ardor continha meu desejo! E se me vês agora diante de ti, é porque usufruo do meu êxito. Pode tudo o amor, compreendes, Tisbe?

tisbe – Por que me dizeis isso?

sibila – Pergunta-te a ti mesma!

tisbe – Estais sendo enigmática.

sibila – *(distante)* Ah! Tão ocupada eu estava em gozar a vitória, triunfo da minha ousadia, que me esqueci – ó inconsequente idade! – de acrescentar ao pedido, fosse-me preservado também o frescor da juventude!

TISBE – Fostes imprudente e culpais a mocidade?!

SIBILA – Ó impetuosa, mesquinha e afoita juventude! Tão cruel como a seta que, fugindo ao alvo, desvia-se da rota e atinge o peito de quem a lança!

TISBE – Falais sempre através de parábolas?

SIBILA – Que outra forma pode provocar o entendimento mais profundo?

TISBE – Continuai...

SIBILA – Já sabes o fim. Tens-me em carne e osso diante dos olhos. Em tão "mísera condição que não parece humana". Não foi assim que falaste?

TISBE – E a gaiola prateada que carregais...?

SIBILA – Será em breve tempo minha morada! *(pegando a gaiola)* Ah! Castelo de prata que me tem acompanhado durante a longa vida! Templo confeccionado pelas mãos divinas de Hefesto. Berço onde repousarei pra sempre o meu cansaço! Em pouco tempo, já pressinto...

Sibila percebe que Tisbe está chorando.

SIBILA – O que te faz chorar, bela Tisbe? Minha triste história? Ou choras por ti mesma?

TISBE – Perdão velha Sibila, mas egoísta que sou, choro por minha dor, não encontro espaço para outra tristeza, estou desesperada!

SIBILA – Por isso me procuraste?

TISBE – Não sei... Tenho o espírito conturbado!

SIBILA – O que queres?

TISBE – Ajuda. Não sois feiticeira?

SIBILA – *(depois de um tempo, alheia, mística, visionária)* Por nove manhãs seguidas tens vindo aqui, nesse mesmo local, e não tens encontrado a razão de tuas visitas! Por nove seguidas manhãs tens chorado um amargo e sentido pranto! Por nove sofridas manhãs tens estado aqui, nesse mesmo lugar, a procura do jovem Píramo. O belo filho de Râmona.

TISBE – Oh! Píramo, dissestes! Não foi então devaneio, fantasia, capricho que minha desvairada imaginação criou pra que tenha sentido a vida?

SIBILA – *(visionária ainda)* Tens desde então, pequena, pregado-te à janela em constante vigília, incansável, noite após noite! Mas não vês movimento algum na casa; nem pais, nem parentes, nem sombra de viva alma. Sumiram todos! *(tempo; n'outro tom)* Que queres saber, encantadora Tisbe?

TISBE – Oh! Não, chamai-me infeliz, desventurada, que por temor de uma resposta que me possa ferir, não ouso perguntar-vos o que meu coração aflito exige!

SIBILA – Por que temes? Não tens o amor a escudar-te? Ou não é nobre o metal de que é feito o escudo que ostentas?

TISBE – Encorajo-me, então! *(tempo)* Terei sido traída por quem apaixonadamente declarou-me a afeição? Friamente enganada por belos olhos e falsas palavras? Abandonada no primeiro encontro, vítima da mais infame armadilha, do mais torpe amor? Oh! É possível que, inocente, tenha eu depositado a própria vida em traiçoeiras mãos que, com a urgência das flechas, lançam-me ao terror cego e furioso das tempestades?! À escuridão?! Enchem-me de tormentos e dúvidas?! Provocam-me desgosto e vergonha!? Ó, tende piedade, velha Sibila, respondei-me com curta resposta e apressai o fim do meu conflito!

SIBILA – *(tempo)* Veste os olhos com o brilho da esperança e alegra com o sorriso teu pálido semblante, porque são infundados teus temores! Não é venenoso o mal que sobre ti se abate. Porém, não te alegres tanto, que tampouco será problema de fácil resolução.

TISBE – Oh! Apressai-vos, senão morro!

SIBILA – Igual desespero aflige o coração do teu amado! Em completa solidão, enlouquecido, grita por ti o jovem Píramo. Blasfema contra os céus e chora tua sentida ausência!

TISBE – Chama por mim...?!

SIBILA – Com a mesma intensidade e furor que tu empregas ao procurá-lo!

TISBE – Não vem ao meu encontro e a distância, na lonjura, me chama?!

SIBILA – Usa a voz com mais vigor quem, privado de espaço, não pode caminhar!

TISBE – Preso...?! Encarcerado e preso, meu doce amor? Onde? Por minha vida, dizei-me onde?!

SIBILA – Não tão longe que não possas ouvi-lo; nem tão perto que possas tocá-lo!

TISBE – Em que lugar?!

SIBILA – Onde uma instransponível barreira os separa!

TISBE – Prisioneiro de quem? Por quê?

SIBILA – *(tempo; o olhar de Sibila altera-se)* Já não tenho mais respostas pra dar-te! Terás que descobri-las tu mesma, se quiseres. Vencer perigosos obstáculos, mas sozinha! Estás preparada pra isso?

TISBE – Não há obstáculos nem perigos capazes de me deter! Nem a fúria dos ventos ou a raiva dos terríveis dragões! Peço-vos, portanto, bondosa Sibila, que me leveis até esse estranho lugar. Seja onde for essa odiosa clausura que aprisiona meu infeliz amado!

SIBILA – Não posso fazer mais nada por ti. Pedes o impossível!

TISBE – Não sois mágica e feiticeira, afinal? Pra que servem vossas profecias, então? *(n'outro tom)* Oh! Ajudai-me senhora, suplico-vos. Levai-me até ele, por piedade!

SIBILA – Estou surda às tuas súplicas!

TISBE – Dissestes primeiro, com vossas dúbias palavras, que eu nada temesse. Insinuastes ainda, que ao amor tudo era permitido. Provocaste-me e expus minha dor. Agora me negais ajuda?! Dizei-me somente "basta!"?!

SIBILA – Aconselha-te com os oráculos, mas caminha com teus próprios passos! Só tu podes escolher qual a estrada!

TISBE – Oh! Não! Chega de palavras! Levai-me ao meu amado. Meu corpo reclama a falta dos seus braços!

SIBILA – ...

TISBE – Não me ouvis, velha feiticeira? Os anos endureceram vosso coração de pedra?!

SIBILA – ...

TISBE – Oh! Basta-me um abraço!

SIBILA – ...

TISBE – Apenas um único abraço! Mesmo que o último, terno e derradeiro abraço... *(chora)*

SIBILA – *(depois de um tempo)* Pode custar-te caro, não vês?

TISBE – Ofereço-vos a vida!

SIBILA – Não me atrevo a ajudar-te! Não compreendes...?

TISBE – O que desejais de mim, velha insensível? Pedi e o tereis!

SIBILA – Tua vida não depende dos meus desejos. Nem a

minha. Estamos ambas submetidas às implacáveis leis do destino!

TISBE – Usais as palavras agora pra tentar deter-me...?

SIBILA – Dar-te-ei meu silêncio, então!

TISBE – *(desafiadora)* Ofereço-vos minha bela e inútil juventude em troca de vossa infecta e eterna velhice!

SIBILA – *(com força, pondo fim ao assunto)* Não posso aceitar tua oferta, cala-te!!!

Tisbe, desesperançada, volta a chorar. Tempo grande.

SIBILA – É mesmo incontrolável, tempestuoso e invencível o amor! Ó juventude! Eis que me defronto contigo novamente! De forma diferente, bem sei, mas, outra vez, tentas fazer-me escrava do teu ímpeto! Ó, mil vezes maldita!... Impetuosa juventude que, tomada por maravilhosa cegueira, não vê riscos nem temores! Deixa-se guiar apenas pelo fogo desenfreado da paixão! *(para Tisbe)* Estás mesmo preparada, inconsolável criatura? Então vai, levanta-te do chão, dê asas à voz e grita! Chama por teu amado com a força que tiveres na alma! Grita! E teus gritos desesperados encontrarão os gritos daquele que, da mesma forma, clama por ti! Os gritos do amor ao amor levarão! Vamos, brada! Grita!

Tisbe grita "Píramo!"

Corre em desespero por todos os cantos do palco e grita várias vezes: "Píramo!"

Silêncio. Nada acontece. Tisbe apoia a cabeça com as mãos, num gestoque denota desânimo e dor.

Entra música.

Ouve-se então, vindas das coxias, vozes femininas que repetem os chamados, como um eco longínquo.

Logo após, e de igual maneira, vozes masculinas gritam o nome de Tisbe.

Ela, reanimada, retoma com mais força o chamamento.

Aos poucos vão entrando em cena as mulheres do coro e, juntas com Tisbe, gritam por Píramo.

A seguir, e sempre de forma alternada, entram os homens do coro e gritam por Tisbe.

Música vai crescendo. Há uma pequena alteração de luz.

Sibila, lentamente, vai saindo de cena em meio aos gritos de todos, enquanto todo o cenário, ao mesmo tempo, vai se transformando.

Cena 8

Música termina. Todos saem de cena. Sobram apenas Píramo (que deve ter entrado misturado ao coro) e Tisbe.

O cenário é a casa de Píramo e, ao mesmo tempo, a casa de Tisbe. Casas contíguas, separadas por uma mesma parede.

Dois pequenos cômodos (que causam uma certa impressão de clausura) separam os dois amantes. De um lado, Píramo. Do outro, Tisbe.

PÍRAMO – *(jogado no chão, num canto, chorando)* Oh! Não, não, não... Já tenho os ouvidos cansados da voz monótona que entoa a mesma ladainha dia após dia, hora após hora, minuto após minuto! Várias e várias vezes! Dezenas, centenas e milhões de vezes sem descanso o mesmo som, a mesma lamúria, a mesma cantiga, infinitamente o mesmo não! Oh! Não, não, não... *(caindo em si)* Que digo?! São meus os ouvidos, mas também é minha a voz! Se meus ouvidos se cansam de minha voz... Então, eu mesmo me canso de mim?! Ai de mim! *(esmurra o chão)*

TISBE – Ai de mim, que terminei caindo em minha própria casa! De volta à janela, às noites de perpétua vigília, ao cenário da minha enfadonha angústia! Devo extrair significados desse súbito retorno? Procurar dentro de mim respostas? Será que desatenta ao que me cerca, olho e não vejo? Ai, enigmas, enigmas! Que mistério indecifrável pode esconder-se aqui, em minha própria casa?

PÍRAMO – Oh! Em minha própria casa prisioneiro! Ao que todos chamam lar, devo então dizer cárcere?! Ao meu quarto, meu desterro?! Por quê? O que mais posso pensar, imaginar, supor, que já não o tenha feito cem vezes? Preso! Condenado ao isolamento e afastado da vida por minha boa mãe: por quê? Oh! Pássaro sem asas, peregrino lançado à solidão da masmorra! Por quê? Por quê? Por quê?!

TISBE – Quantas dúvidas! Afogo-me num mar de perguntas, morro!

píramo – Enlouqueço!

tisbe – Mato-me!

píramo – Oh! Não! Abandona meu espírito, ideia ruim que insiste em abrigar-se no inferno propício da minha mente!

tisbe – Perdão amor! Retiro esse sombrio pensamento! Troco-o pela lembrança dos teus olhos e me acalmo. E, então, digo que vivo! Por ti, sim, por ti, eu vivo! *(sorri como se o visse)*

píramo – *(de olhos fechados, sonhando)* Ah! Tisbe, Tisbe, ficas tão linda quando sorris! És meu adorado Sol, minha fé! Doce e único alento de penoso exílio!

tisbe – Será que pensas em mim? Ou já me esqueceste?

píramo – Finjo ver-te e, assim, fico feliz!

tisbe – Tenho-te agora com tal nitidez na minha frente...

píramo – Ah! Devias ver-me fingindo que te vejo. Verias que bom fingidor sou!

tisbe – Parece que posso tocar-te!

píramo – Parece que posso tocar-te!

os 2 juntos – Podes tocar-me também...?

Entra música suave e envolvente no fundo. A luz cria um clima leve de ilusão. Tudo contribui para a criação de um momento mágico de sonho; um breve e doce delírio. E os dois amantes reagem como se estivessem mesmo sendo tocados um pelo outro.

TISBE – Ah! Como um banho suave de flores e águas sagradas, meu corpo cansado recebe a graça das tuas carícias delicadas!

PÍRAMO – Meu corpo abandonado se envolve com prazer na seda sublime dos teus afagos, como a terra fustigada pelo Sol acolhe com deleite o frescor do véu noturno!

TISBE – Ah! Deixa a marca dos teus lábios de orvalho na pele úmida dos meus!

PÍRAMO – Mistura a doce fragrância dos teus beijos ao perfume ácido que meu desejo exala!

TISBE – A tua lembrança é um poema triste que enternece a alma. Igualmente fere e anima!

PÍRAMO – A tua lembrança é uma chuva de estrelas que inunda de luz a negra escuridão do meu destino!

TISBE – É uma festa pros meus olhos que, saudosos da tua presença, vestiram-se de melancolia e pranto!

PÍRAMO – Ó arrebatadora lembrança: és aclamadamente bem-vinda!

TISBE – Transportas-me, ó gentil lembrança!

PÍRAMO – Feito um rio violento, feroz e apaixonado, me arrastas com o furor benigno das ventanias!

TISBE – Por mares desconhecidos, oceanos, vales de sonhos!

PÍRAMO – Fazes-me voar, voar, voar!

TISBE – Pelo infinito. Pelo impossível azul dos céus!

PÍRAMO – Por mundos onde o amor nunca mais terá por vizinha a solidão!

TISBE – *(tempo; n'outro tom)* Ah! Como és tristonha... nostálgica e intensamente dolorida!

PÍRAMO – Já me machucas, sombria lembrança? Já deixas a saudade que fere dominar a ideia que afaga? A dor cruenta vencer o dom do júbilo?!

TISBE – Oh! Não... Perco-te?! Foges, ó tirânica imagem? Dissolves-te igual fumaça luminosa e tênue? Abandonas-me a sós na noite escura da minha aflição?

PÍRAMO – Escapas-me...? Desapareces? Desmanchas-te diante dos meus impotentes olhos que, desprovidos de braços ou mãos, não podem segurar-te, prender-te?!

TISBE – Por que partes tão cedo? Assim apressada, esquiva, fugaz? Flor que fenece no mesmo instante em que nasce!

PÍRAMO – Oh! Não, não. Fica! Não te diluas, fantasia. Mesmo que magoes, prefiro-te à fria realidade!

TISBE – Tenhas compaixão, espírito fugidio! Não vás, fica!

PÍRAMO – Fica minha solidária companheira, fica! És a única testemunha da minha paixão!

TISBE – Oh! Não... Sumiste!

OS 2 JUNTOS – Oh! Não, não, não...

Os dois, chorando, debruçam-se num canto ou no chão.

Música dura mais um pequeno tempo e termina. Luz volta ao normal.

TISBE – *(com raiva)* Velha mentirosa! Enganadora! Iludiste-me com a eloquência dos profetas e eu, ai tola de mim, acreditei! Velha perversa e má! Pensaste, então, que atenuando meu sofrimento com ardilosos truques, efêmeras e falsas visões, poderias conter o meu impulso?, aplacar a veemência do meu amor?! Velha infortunada! Infeliz! Feiticeira de poucos méritos! Fizeste-me crer no que não existe e imaginaste que apenas isso bastava?!

Ó velhice mórbida que degenera a pele, os sentidos e os desejos! Velhice amarga, hostil, sombria decadência da vida! Ó infame velhice que tem inveja da juventude sadia dos amantes! *(caindo em si)* Oh! Que faço? Indefesa praguejo, blasfemo? Ah! Pobre de mim... *(chora)*

PÍRAMO – *(consigo mesmo)* Será que estou ficando velho? Há quanto tempo estou preso? Dias, anos... séculos? O que é o tempo sem a sábia luz do Sol? Quem o governa na negra solidão da clausura? A dor! Oh! Sim, é ela a carrasca senhora que detém o soberano poder de guiar a irreversível sucessão das horas. Mede os segundos pelos lamentos, os minutos pela tristeza e os dias pelo desespero! Há quantos séculos estou aqui então?! *(tempo)* Será que já estou ficando velho? *(apalpando-se todo, com medo, quase cômico)* A pele flácida decompondo-se... feições amarelecidas, lividez cadavérica. Lábios murchos, olhos embaçados...! Ossos e órgãos corroendo-se qual podres feridas... Ai, que já não estou sentindo as pernas! Tenho uma dor fulgurante aqui! E outra! E outra! Ai, estou morrendo de velhice... Tão jovem e belo, ai... *(rola pelo chão lamentando-se, choroso)* Ai, ai... Tisbe, Tisbe... onde estás...? *(depois de um momento, levanta-se e repentinamente põe-se a gritar com toda força)* TISBE!!! TISBE!!! TISBE!!!

Tisbe, emocionada, do outro lado, ouve a voz de Píramo através da parede que os separa.

TISBE – Ah! Abençoado grito que me socorre! Estou aqui bondoso grito, bondoso amor, bondosa velha Sibila que me devolve a vida! *(ajoelha-se chorando de alegria)* Ó generosa e benévola vida que me faz feliz!

Tisbe acaba deixando de responder ao chamado de Píramo que, desesperado, do outro lado, continua a gritar.

PÍRAMO – TISBE!!! TISBE!!!

TISBE – Oh! Doce amor, esqueci-me por um momento... não me ouves?!

PÍRAMO – TISBE!!!

TISBE – Oh! Não, que faço? Oh! Sim... PÍRAMO!!! PÍRAMO!!! PÍRAMO!!! *(atrapalhada, afoita, grita várias vezes seguidas)* *Agora é Píramo quem se emociona ouvindo a voz de Tisbe.*

Tempo. Os dois, juntos, correm em desespero para a parede e grudam-se nela como se pudessem abraçar-se.

PÍRAMO – *(colado à parede)* AMOR!!!

TISBE – *(colada à parede)* AMOR!!!

PÍRAMO – PODES OUVIR-ME...?

TISBE – SIM... NÃO... MAL! E TU... ME OUVES?

PÍRAMO – POUCO... MAL!

TISBE – Oh! Não! *(esmurrando a parede)* MALDITA PAREDE!

PÍRAMO – *(esmurrando a parede)* MALDITA PAREDE!

TISBE – MALDITOS TIJOLOS!

PÍRAMO – MALDITOS TIJOLOS!

OS 2 JUNTOS – MALDITO MURO DE CIMENTO FRIO!!!

Entra música suave e triste, bem ao fundo.

Os dois vão escorregando pela parede, até chegarem ao chão, sempre entre suspiros e gemidos.

Emocionados e inconsoláveis choram a desfavorável condição do aguarda, do encontro.

Música termina.

Na casa de Píramo, entram no aposento, sua mãe e duas serviçais.

Uma das criadas carrega malas de viagem. A outra traz uma bandeja com alimentos e água, talvez. Param na porta.

RÂMONA – Meu filho, que houve? Gritas?! Oh! Filho adorado, tanto te implorei! A casa fechada, todos nós submetidos a um completo sigilo por teu resguardo... E tu, imprudente, te pões a gritar? Gritas?!

PÍRAMO – *(desesperado, corre e se atira aos pés da mãe)* Oh! Bondosa mãe, libertai-me desse infausto presídio, degraça repentina que se abateu sobre mim!

RÂMONA – Não uses palavras tão duras – ó nunca! – se me tens o mínimo amor...

PÍRAMO – Libertai-me! Libertai-me!

Píramo chora e Râmona abraça-o, chorando também.

TISBE – *(falando sozinha, do outro lado)* Oh! Já me abandonas, amor? Deixas-me, recolhendo-te ao egoísmo do silêncio? Não podes abraçar-me, beijar-me... privas-me, ainda, do consolo da voz?

RÂMONA – Oh! Filho, não vês que tuas dores encontram ressonância no meu coração?

PÍRAMO – Oh! Senhora querida... sinto-me só!

RÂMONA – Não sabes, então, que não há suspiro que dês, que não atinja como punhal meu vulnerável corpo de mãe?

PÍRAMO – Oh! Mãe adorada! Perco-me em questões...

RÂMONA – Pensei que tivesses compreendido!

PÍRAMO – Por quê?! Por quê?!

TISBE – Por que não me respondes?

RÂMONA – Perguntas: novamente e sempre!

PÍRAMO – Apenas isso. Por quê?

TISBE – Por quê? Porquê?

RÂMONA – Tens a idade das perguntas. Já te expliquei até a exaustão!

PÍRAMO – Não me deste resposta!

TISBE – Não me dás resposta?

RÂMONA – És jovem demais para veres obstáculos, impedimentos... Corre fogo em tuas veias. Ah! Pudesse eu privar-te de mágoas! Não compreendes...?

PÍRAMO – Jogais-me ao abandono com vossas palavras inúteis!

TISBE – Tornas-me inútil sem tuas palavras!

PÍRAMO – Vazias palavras: não confortam, não explicam, não dizem nada!

RÂMONA – *(veemente)* Não há respostas para os teus porquês! Por ora, é só! Obrigas-me a ferir-te e mais uma vez ser ferida, repetindo-te o que já sabes porque já te foi dito! Tens que esquecer o amor!

PÍRAMO – Oh! Não... não... *(tapa os ouvidos e afasta-se da mãe; olha pra parede e lembra-se de Tisbe, exaspera-se)*

TISBE – Grita! Lança tua voz poderosa contra a muralha fria que proíbe o amor!

PÍRAMO – OH! NÃO!!! *(grita dando recado, sinal de vida pra Tisbe)*

RÂMONA – O que é isso?! Afrontas-me? Magoas-me? Queres

castigar-me quando, embora não entendas, defendo-te? Não me crês?!

TISBE – Dizes não? Que devo entender? "Não" que nega ou "não" que avisa?

PÍRAMO – Perdão, doce mãe! Não quis ofender-vos! O desespero tomou-me!

TISBE – Ai, o desespero toma-me! Explica-te! Oh! Pobre de mim que não vejo saída... *(chora)*

PIRAMO – Oh! Não vejo saída! *(chora)*

RÂMONA – *(tempo)* Acalma-te, atormentado filho! Trago-te um pouco de alívio. Muito em breve terá fim o teu cativeiro. Regozija-te! Poderás sair livremente às ruas, banhar-te nos rios, ver de novo a cor dourada do Sol, fazer tudo o que o vigor dos teus dezessete anos anseia.
Amanhã mesmo já terás de volta a tua liberdade.

Durante a fala de Râmona, Píramo vai parando de chorar e enchendo-se de esperança.

Tisbe, do outro lado, mais ou menos ao mesmo tempo, vai descobrindo uma rachadura no alto da velha parede e vai seguindo-a, acompanhando seu"desenho" com os olhos, vislumbrando talvez uma esperança

PÍRAMO – *(correndo e atirando-se aos pés da mãe)* Oh! Que dizeis? Encheis-me de contentamento senhora, mal posso conter-me, mil vezes abençoadas sejam as vossas benditas palavras – ah! como sou feliz! – renasço, sinto-me capaz de voar...

RÂMONA – *(rindo)* Deixes para amanhã, formoso pássaro! Vai, levanta-te! Preciso ir. Amanhã, muito cedo, ainda em plena Aurora, partiremos! *(reação adversa de Píramo)* Tuas malas já estão prontas. Mudaremos dessa velha casa. Deixaremos para trás essas velhas paredes e suas velhas histórias. *(nostálgica)* Ah! Ficarão bons momentos e preciosos segredos guardados em suas velhas rachaduras!

PÍRAMO – Partir...?!

RÂMONA – Vosso pai já nos espera numa pequena cidade, muito longe daqui. Uma nova casa, novo ar, nova vida!

PÍRAMO – Oh! Não!

Tisbe encontra num determinado lugar próximo do chão, um pequeno vão na rachadura da parede, que quase a atravessa.

TISBE – Oh! Sim! O vento entra como novidade por esta fenda!

RÂMONA – Então, não te alegras? Não querias a liberdade?

PÍRAMO – Oh! Não! Oh! Sim!

RÂMONA – Vou-me agora. Se quiseres, volto depois pra ficar contigo.

PÍRAMO – Oh! Não, não...

RÂMONA – Não reclamaste que estavas só?

PÍRAMO – Oh! Não! Oh! Sim!... Estou confuso, nem sei o que digo!

RÂMONA – Tão cedo percebo o bem que te traz a alegria das boas novas! Chegas a atrapalhar-te... *(sorrindo, beija-o e sai)*

TISBE – Passa o ar, sim! Então, pode passar o som, a voz e a vida! Píramo, Píramo... *(querendo chamá-lo, mas sem atrever-se)*

PÍRAMO – *(depois que sai a mãe)* Nunca! Nunca, nunca, nunca! Oh! Pobre de mim, como sou infeliz! *(atira-se no chão)*

Píramo e Tisbe, aflitos por comunicarem-se, falam simultaneamente, aomesmo tempo.

PIRAMO – Tisbe, Tisbe! Fala comigo... Grita! Procura-me! Agora já estou só! Tisbe, responde-me, chama-me! Não posso gritar, mas tenho bons ouvidos. Preciso ao menos ouvir-te! Ah! Tisbe, já me esqueceste? Responde! Grita, preciso de ti, amor! Tisbe, Tisbe!

TISBE – Píramo, Píramo! Preciso falar-te, que faço? Não me respondes, que faço? Grito? Será que não podes falar-me, vigiam-te?! Mas podes ouvir-me? Como?... Se vigiam-te?! Oh! Píramo, Píramo, tu me agonias com o silêncio, me afliges! Que faço, preciso falar-te! *(decidindo-se)* Oh! Grito. E que o amor me proteja! PÍRAMO!!! PÍRAMO!!!

Quando Tisbe grita, há um momento de silêncio total.

PÍRAMO – *(baixinho, como pra si mesmo)* Oh! Continua amor...

TISBE – PODES OUVIR-ME...?

PÍRAMO – Não posso responder-te... Continua, continua, por favor...

TISBE – O silêncio atemoriza-me. *(tempo; depois, grita pausadamente)* PROCURA. NA PAREDE. UMA FENDA!!!

PÍRAMO – Uma fenda... na parede? Onde...? *(procura)*

TISBE – UMA PEQUENA FENDA! Oh! sinto-me ridícula. Perco a fé. *(tempo)* PÍRAMO!!!

PÍRAMO – *(encontrando o buraco)* Ó louvado defeito provocado pela ruína dos anos, achei-te! Achei-te! Tisbe!

TISBE – Oh! É inútil! Não podes ouvir-me, mudaste de cela, ficaste surdo...

PÍRAMO – Tisbe, Tisbe, estou aqui... Não vens?

TISBE – Ai desventurada sorte que me trouxe à minha própria casa, e aqui faz-me prisioneira também! Escrava sem resposta de torturante silêncio! Ai, angústia que se apodera de mim, tão frágil, posta de lado... *(chorando vai até a parede e apoia-se nela, perto do buraco)*

PÍRAMO – *(falando já através do buraco)* Amor! Amor! Tisbe, estás ouvindo? És minha idolatria, meu doce amor, amo-te...

TISBE – *(ouvindo)* Ah! Benfazejo som que chega até mim como graça divina! Fala mais terna voz! Acaricia meus ouvidos cansados da longa quietude da incerteza.

PÍRAMO – Oh! Não, fala tu, pra que eu beba o mel contido nas tuas preciosas queixas. Fala! Deixa teu perfume juvenil invadir meu triste quarto, meu solitário exílio, minha pobre alma! Fala! Permite que o vento benéfico trazido por tua voz, espante os fantasmas do desamor que se escondem no meu peito. Fala!... *(silêncio)* Tisbe! Tisbe! Não falas?

TISBE – *(rindo)* Como posso falar se não me deixas?

PÍRAMO – Perdoa-me! O fogo da paixão explode em mim, domina meus impulsos! Tu me amas?

TISBE – Amo-te mais do que a mim mesma!

PÍRAMO – Oh! Amor desesperado, sem esperanças, sem amanhã!

TISBE – Que dizes?! Cala-te! Usas palavras que não cabem na boca dos apaixonados!

PÍRAMO – Enfraqueço-me, encho-me de temores! Receio pelo que possa acontecer!

TISBE – Não há medo que nos detenha a chama! Obstáculos, paredes ou força alguma pode estancar o amor!

PÍRAMO – Separam-nos, impedem-nos o contato! *(desesperado)* Não vejo saída!

TISBE – FUJAMOS!

PÍRAMO – *(tempo)* Oh! Iluminas as trevas! Clareias com a luz do ânimo minha cega covardia!

TISBE – Ah! Bendita fresta entre as pedras que facilita o tráfego de nossas confidências!

PÍRAMO – Ah! Piedosa parede que em tempo nos socorre! Generosa e compassiva faz-se cúmplice do nosso indefeso amor!

TISBE – Píramo, apressa-te em dizer-me quando e onde nos veremos. Preciso sair do quarto, já devem ter notado minha prolongada ausência na casa.

PÍRAMO – Logo! Hoje ainda! Antes mesmo que a noite caia!

TISBE – Ao entardecer, então!

PÍRAMO – No campo, onde te vi pela primeira vez!

TISBE – Antes do poente, lá estarei.

PÍRAMO – Na hora mansa em que as aves anunciam o crepúsculo.

TISBE – Quando o Sol tingir de vermelho vivo o céu da tarde, lá estarei!

PÍRAMO – Tisbe...?

TISBE – Sim.

PÍRAMO – Fugiremos para um lindo lugar onde ser algum nos encontre. Nem os deuses saberão: podem invejar-nos! Ris?! Oh! Não duvides, pois com meus braços alados pelo amor, sou capaz de levar-te ao inatingível céu, feliz morada dos imortais. E nossos corpos, num fiel abraço, vão estar tão unidos e juntos, que aos olhos do mundo pareceremos uma única estrela!

TISBE – Oh! Serves-me tão bem! Tens a cabeça feita de nuvens e sonhos. Nas nuvens descanso e nos sonhos encontro o significado da minha existência!

PÍRAMO – Não partas ainda!

TISBE – Tenho que ir. Veremos nos tão breve...

PÍRAMO – Dize-me, então, qualquer coisa antes de partir!

TISBE – És mesmo obstinado! Ages outra vez, como se o amanhã não existisse!

PÍRAMO – Oh! Fala mais! Fala! Deixa o perfume do teu hálito penetrar na memória da minha pele pra que eu possa, assim perfumado, esperar pelo entardecer.

TISBE – ... *(apenas sorri)*

PÍRAMO – Tisbe! Fala! Fala mais!

TISBE – Que devo dizer?

PÍRAMO – Qualquer coisa. A primeira tolice que te vier à mente!

TISBE – Vou encontrar-te cobrindo-me com uma antiga capa de seda, bordada por minha mãe. Uma capa bem leve, adornada de pequenas e solitárias estrelas.

PÍRAMO – Que tolice!

TISBE – Não foi o que pediste?

PÍRAMO – Que importância tem a roupa que vestes por cima da rica pele que tens? Fala mais!

TISBE – *(rindo)* Não. Não me apanhas de novo em tuas armadilhas. Parto. Digo-te apenas: até breve, amor! *(sai correndo do quarto)*

PÍRAMO – Tisbe!... Adeus!

Tisbe retira-se e Píramo fica sozinho. Tempo.

PÍRAMO – Oh! Sinto que não é mais a mesma, a solidão! Já consigo ver o Sol penetrando pelos tijolos, invadindo as paredes, atravessando as pedras, o cimento frio e a dor!

Entra som de pássaros e música.

No fundo, através das paredes (que devem ter transparência) vê-se um grande Sol vermelho acendendo-se lentamente durante a fala de Píramo.

PÍRAMO – Antes do poente: lá estarei! Ao entardecer, quando o calor do verão se abranda, o céu muda de tom e os pássaros se despedem em ruidosa e derradeira sinfonia. Na hora boa do entardecer, quando o Sol no horizonte veste a cor púrpura do sangue e da paixão! Oh! Sim, lá estarei!

Música cresce e luz geral vem caindo em resistência, ficando acesa apenas a luz vermelha do Sol.

Transforma-se todo o cenário.

Cena 9

Luz vai acendendo devagar, revelando novamente o cenário do campo.

Entardecer de verão. Ao fundo, o Sol.

Espalhados pelo palco, vários camponeses (munidos de instrumentos musicais) cantam alegres canções, típicas de gente que lida com a terra.

São jovens, exalam vigor e alegria, bebem, conversam, riem, namoram. Festejam a hora do lazer e do descanso, o final do dia. Na frente do palco, a luz ilumina com um pouco mais de intensidade, uma menina sentada com a gaiola prateada de Sibila nas mãos. A menina brinca com a gaiola como se ela fosse mesmo um brinquedo de criança.

Uma das moças, termina descobrindo a menina e aproxima-se dela. Logo a seguir, um rapaz. Depois outro e outro, até todos pararem de cantar e virem para a frente, juntar-se em torno dela.

Camp. 1 – O que fazes, linda menina, com tão rico objeto nas mãos?

MENINA – *(com receio que eles lhe tomem a gaiola)* É minha!

CAMP. 2 – Oh! Sim, mas por certo deves tê-la ganho de algum generoso Deus, não é...?!

MENINA – *(acena afirmativamente com a cabeça)*

CAMP. 1 – Hum... Belo presente!

CAMP. 3 – *(para um deles)* Será que é mesmo prata?

CAMP. 4 – Ora, não vês o brilho? A exuberância?

CAMP. 2 – E o primor dos encaixes? O apuro das formas?

CAMP. 4 – Não parece produto de simples mãos...

CAMP. 3 – Oh! Verdadeira perfeição!

CAMP. 5 – Preciosa relíquia!

CAMP. 1 – Maravilhosa e extravagante gaiola!

MENINA – É minha!

CAMP. 4 – Não te assustes, boa menina. Não temas. Estamos apenas admirando o presente, não vamos tomar-te o brinquedo!

CAMP. 2 – E como a recebeste? Quem a trouxe?

MENINA – Achei! Ali na pedra-sem-alegria.

CAMP. 5 – Oh! É informada a pequena. Sabe até o nome da pedra!

CAMP. 3 – Esperteza não se vê na idade!

Todos riem.

MENINA – Todo mundo sabe que a pedra-sem-alegria foi outrora uma bela jovem que de tanto padecer transformou-se!

CAMP. 2 – E de que mal sofria, a pobre moça?

MENINA – Não sei. De tristeza sem-fim! *(tempo; sorrindo, ingênua)* De amor, talvez...

(Todos riem, maliciosos)

CAMP. 1 – Oh! Tem algo debatendo-se dentro da gaiola!

MENINA – *(dirigindo-se à gaiola)* Quieta, Sibila! Eles não vão te matar. São compreensivos e amigos. *(falando baixinho)* São pobres camponeses...

CAMP. 5 – O que é...?

CAMP. 3 – Sibila? Uma profetisa, então?!

MENINA – *(erguendo a gaiola)* É apenas uma cigarra!

CAMP. 4 – Oh! E conversas com ela?

CAMP. 5 – Ela responde-te?

CAMP. 3 – Fala? Uma inocente cigarra?

MENINA – *(satisfeita, acena afirmativamente com a cabeça)*

CAMP. 1 – E o que ela diz?

MENINA – Coisas...

CAMP. 4 – Oh! É mesmo? Pede pra ela dizer algo, então!

CAMP. 5 – Pergunta quando teremos chuva novamente!

CAMP. 3 – Ai, se vou ter sorte no amor... *(riem)*

MENINA – Psiu! Ela está agitada. *(dirigindo-se à gaiola)* Que tu queres, Sibila? Que queres?

CAMP. 4 – *(depois de um tempo)* Ih! Perdeu a voz, calou-se!

CAMP. 1 – Emudeceu!

CAMP. 2 – Está envergonhada, a pobrezinha faladeira!

TODOS – Oh!!! *(divertindo-se)*

MENINA – Sibila, que queres? Não respondes? Que queres, Sibila?

CAMP. 5 – Melhor não insistires. Pode xingar-te! *(riem)*

CAMP. 3 – E depois dirigir-nos despudoradas e feias palavras!

CAMP. 2 – Dizer-nos impropérios! Obscenidades!

Todos riem e divertem-se às gargalhadas, enquanto a menina, sentida, levanta-se e vai indo embora. No caminho, vai como que conversando ou brigando com a cigarra.

Num determinado momento, pouco antes de sair de cena, ela pára e volta-se pra eles.

MENINA – *(Exultante, de longe)* Ela falou! Ela falou!
CAMP. 2 – E o que disse a infeliz?
MENINA – *(imitando a cigarra)* "Quero morrer!" "Quero morrer!" *(dá uma pausa e depois começa a rir)*

Todos riem também e a menina vai embora.

Nesse momento Tisbe entra em cena.

Todos param de rir. Silêncio. Os camponeses, lentamente, vão vestindo as máscaras do coro no rosto.

O violino inicia um solo triste, e todos vão recolhendo-se ao fundo do palco; porém, sem sair de cena.

Tisbe caminha até a pedra. Olha à sua volta. Espera.

A melodia do violino continua mais um pequeno tempo e termina. Logo após, todos cantam um vocalise dramático e denso, de forma a criar um clima de grande tensão.

Enquanto toca a melodia, passando na frente do Sol, entra com grande porte e soberanos passos, uma LEOA.

Tem a boca cheia de sangue (de uma possível presa recém-devorada), o que lhe dá um aspecto trágico e terrível.

Com passos lentos e decididos, o animal, como que atraído ou hipnotizado, caminha na direção de Tisbe.

Aproxima-se. Ficam cara a cara.

Tisbe – Oh! Não! Funesta advertência! Que faço? Tremo inteira! Afasta-te feroz animal! Vai-te daqui!

A leoa avança mais um pequeno passo.

TISBE – Oh! Não... *(tira a capa que veste e a deposita sobre a pedra)* Píramo, deixo-te um sinal. Me espera! *(sai correndo)*

A leoa vai até a pedra, agarra a capa e sai pelo outro lado.

O coro para o vocal e inicia sons de pássaros. Som em crescendo de muitos pássaros.

Píramo entra correndo e afoito, gritando.

PÍRAMO – Tisbe! Tisbe!

Chega até a pedra, olha ao redor e nada vê.

PIRAMO – *(ofegante)* Ainda não chegaste?! Tisbe?! Oh! Como me enganei: pensei que fossem velozes e tivessem asas os pés dos apaixonados! *(apoia-se na pedra)*

O som de pássaros cessa. Silêncio total.
Píramo recolhe a mão ao senti-la molhada.

PÍRAMO – Sangue...? *(olhando para o chão)* Uma estrela...? *(apanha-a)*

O coro ataca novamente o vocalise, com dramática intensidade.

No fundo surge, outra vez, a alegórica leoa. Para na frente do Sol e exibe a capa de Tisbe, rasgada e ensanguentada entre os dentes. Posa um instante, assim, triunfante, depois larga o tecido no chão e vai embora.

PÍRAMO – Oh! Não... Oh! Não! Tisbe! Tisbe!

Píramo corre até o fundo, apanha a capa e volta pra frente beijando-a, chorando, gritando desesperadamente a sua pungente dor.

PÍRAMO – Ó maldição! Ó fúnebre acidente tramado com o requinte pérfido da desgraça! Ó cruel entardecer que se alimenta do espanto e da tragédia da minha juventude!

Joga-se no chão, perto da pedra. Ajoelhado chora compulsivamente, enrolado no manto de Tisbe.

PÍRAMO – Oh! Tisbe, Tisbe, chegaste cedo demais! O Sol, invejoso de ti, pactuou com a morte. Bebeu teu sangue para tornar-se rubro e belo! Oh! Não... *(chora)*

O vocal para. Silêncio. Ouve-se apenas o pranto de Píramo. Tempo. Depois de alguns instantes, Píramo deixa de chorar e, decidido, arranca um punhal da cintura.

PÍRAMO – *(de punhal erguido)* Tisbe! Serei tão breve que nem notarás o meu atraso!

Tisbe entra, no fundo.

CORO – *(gritando)* Não!!!
PÍRAMO – *(gritando)* Não!!! *(apunhala-se)*
TISBE – NÃÃÃOOO!!!

Tisbe não chega a ver, mas é como se pressentisse. Grita, e correndo chega até a frente, onde Píramo encontra-se caído, morto. Silêncio. Tisbe não chora, não diz nada. Fica apenas olhando-o, buscando sentido na cena que presencia.

TISBE – *(depois de um longo tempo)* Apanhei-te algumas amoras. *(estende os braços, ofertando-as)* Eram brancas. Ficaram vermelhas pelo caminho... *(abre as mãos, deixando as amoras caírem no chão; depois, lentamente, passa as mãos pelo rosto)* Sujas de sangue minha capa estrelada? Oh! Por quê?

O coro executa uma música instrumental muito triste. Tisbe chora. Chora baixinho, consigo mesma.

Depois vai até ele e abraça-o, beija-o, sempre chorando.

TISBE – Oh! Para onde levas tanta beleza? Dize-me! Vais enfeitar que mundos com a perfeição? Dize-me e seguir-te-ei urgente! Dócil, submissa, obediente, fiel, escrava eterna! Prisioneira voluntária do teu esplendor! *(abraça-o fortemente)*

Oh! Píramo, aqueces-me com o calor da vida ainda retido no corpo! Oh! Doce amor de mim roubado, não vês que carregas meu sonho no teu sono? Oh! Dor cruel, apresenta-me o fim!... *(chora)*

Tisbe chora sobre o corpo de Píramo, enquanto a música vai terminando junto com o pôr do Sol. Tempo. Silêncio. Outra luz.

Tisbe arranca o punhal de Píramo e empunha-o contra o peito.

TISBE – *(em tom de oração)* O amor, quando maior que o peito que o abriga, rompe a carne mãe que o acoberta e, filho desnaturado, então, explode e grita a dilacerante dor...

Apunhala-se e tomba sobre o amado.

Epílogo

Ouve-se um triste soar de sinos. E o lamento do vento.

O coro, em silêncio, aproxima-se dos dois amantes e, como num ritual, despem-nos.

Alguém entra com uma escada e a deixa aberta no fundo do palco. Outros, na frente, trazem um pequeno praticável oblíquo, enquanto outros ainda, trazem archotes acesos nas mãos.

Depois de um tempo, entra música. Muito suave a princípio, deve ir crescendo numa evolução contínua, acompanhando ou mesmo definindo a emoção da cena.

O coro despe o casal e coloca seus corpos, abraçados e nus, no praticável.

Podem ainda ornamentá-los com folhas, ramagens, guirlandas de flores, amoras.

A música tem uma súbita crescida, e a iluminação cria um brilhante corredor de luz, diagonal, que vem do fundo do palco até a pedra.

E, então, a pedra-sem-alegria rompe-se.

Abre-se ao meio e liberta Dóris que se levanta, apanha de dentro da caixa

de Pandora uma pequena luz, e se dirige para o fundo do palco.

Caminha majestosamente pelo corredor de luz, carregando nas mãos o brilho da esperança.

Os atores, ao redor de Píramo e Tisbe, retiram as máscaras do coro e, se possível, seria bom que se reconhecessem neles os personagens: Pandora, Eco, Narciso, Eurídice, Orfeu etc.

Dóris, no fundo, sobe a escada e, no alto, ergue a luz. Eleva-a como um pequeno e solitário astro luminoso.

Na frente, os atores cobrem o casal de amantes com a capa de Tisbe, que agora mescla sangue e estrelas.

Música cresce ao máximo, enquanto desce, finalmente, o magnífico mantoda noite.

E tudo cobre.

Vladi
15 nov. 1990
21h 50min
(horário de verão)

Píramo e Tisbe
2011

Elenco

Alexandre Menezes, Anderson Menezes, André Kirmayr, Arthur Berges, Barbara Garcia, Bruna Guerin, Camilla Camargo, Carolina Nagayoshi, Daniel Cancello, Diego Amaral, Fernando Cursino, Grasiela Piasson, Greta Antoine, Gustavo Araujo, Gustavo Merighi, Helga Baêta, Karine Oliveira, Júlio Oliveira, Junior Cabral, Maria Paula Lima, Majorie Gerardi, Monalisa Capella, Naianne Cunha, Raphael Montagner, Roberto França, Vitor Meneghetti

Atriz Convidada

Magali Biff

Ficha Técnica

Texto e Direção

Vladimir Capella

Cenografia e Figurino

J.C. Serroni

Músicas Originalmente Compostas e Direção Musical

Dyonísio Moreno

Iluminação

Davi de Brito e Vânia Jaconis

Assistente de Direção

Rodrigo Velloni

Preparação Vocal

Roberto Anzai

Preparação Corporal

Michael Nunes

Direção de Arte Gráfica

Natasha Precioso

Consultoria em Mitologia Grega

Bernardo de Gregorio

Visagismo
Leopoldo Pacheco

Fotografia
Ronaldo Gutierrez

Consultoria e Produção de Figurinos
Telumi Hellen

Assistentes de Cenografia e Figurino
Márcia Pires
Claudevan do Carmo

Adereços de Cabeça e Máscaras
Marinna Figueiredo

Adereços de Cena
Nani Cata Preta, José Rosa, Nair de Aquino, Claudevan do Carmo e Vania de Almeida

Coordenação de Montagem
Carmem Guerra

Pintura de Arte
Juvenal Irene

Serralheria
Metal Arte

Marcenaria
José da Hora
Wagner de Almeida
Eduardo Alvares

Costureiras
Judite de Lima, Oneide Calduro, Maria Elisângela Rodrigues da Silva

Cabeça Orfeu
Luiz Falcão

Elevadores
José Aníbal Marques

Estagiários em Cenografia
Marcela Matos

Estagiários em Técnicas de Palco
Gabriela Fiorentino e Karen Estevan

Direção de Produção
Rodrigo Velloni

Produção Executiva
Bia Izar

Administração Financeira
Vanessa Velloni

Produção de Casting
Bruno Felsmann

Estagiário em Produção
João Silher

Assessoria de Imprensa
Vivian Goldmann

Assessoria Contábil
Service Keep Assessoria e Consultoria Contábil

Registro em Vídeo
Usine D'art Produções Artísticas

Produção
Velloni Produções Artísticas

Agradecimentos
Guilherme Sant'Anna, Vicente Concílio, Jussara Morais, Flap Estúdio, Ivonete Precioso, Pedro Costa, Caio Paduan, Paloma Carvalho, Irmão Benê Oliveira (diretor geral do Colégio Marista Arquidiocesano), Bruno Gonçalves e Wesley Madson